LO QUE
TU LUZ
DICE

Si este libro le ha interesado y desea que lo mantengamos
informado de nuestras publicaciones, puede escribirnos a
comunicacion@editorialsirio.com,
o bien registrarse en nuestra página web:
www.editorialsirio.com

Diseño de portada: Editorial Sirio, S.A.

©   de la edición original
    Ana María Oliva Brañas

©   de la presente edición
    EDITORIAL SIRIO, S.A.

EDITORIAL SIRIO, S.A.	NIRVANA LIBROS S.A. DE C.V.	ED. SIRIO ARGENTINA
C/ Rosa de los Vientos, 64	Camino a Minas, 501	C/ Paracas 59
Pol. Ind. El Viso	Bodega nº 8,	1275- Capital Federal
29006-Málaga	Col. Lomas de Becerra	Buenos Aires
España	Del.: Alvaro Obregón	(Argentina)
	México D.F., 01280	

www.editorialsirio.com
sirio@editorialsirio.com

I.S.B.N.: 978-84-7808-987-1
Depósito Legal: MA-967-2014

Impreso en Imagraf Impresores, S. A.
c/ Nabucco, 14 D - Pol. Alameda
29006 - Málaga

Impreso en España

Ana María Oliva

LO QUE TU LUZ DICE

editorial Sirio

A mi madre

PRÓLOGO

de **KONSTANTIN G. KOROTKOV**

Doctor en Ciencias Técnicas (Física), catedrático de la
Universidad de San Petersburgo, director del Instituto Estatal
de Ciencias del Deporte de Rusia y presidente de la Unión
Internacional de Bioelectrografía Médica y Aplicada.

EXPLORANDO LA ENERGÍA DE LA VIDA

> *Cada día en la vida de un hombre representa*
> *una pequeña pieza de la evolución de nuestra especie,*
> *que está todavía en pleno proceso de cambio.*
>
> E. SHRÖDINGER,
> *Mente y materia*

Conocí a Ana María Oliva el año pasado y quedé impresionado por sus profundos conocimientos en muchos ámbitos, su energía y su actitud abierta hacia la vida. En este libro trata temas complejos de física moderna, biología y medicina de una manera sencilla y entendible, con claras implicaciones en la práctica y en la vida moderna. Este tipo de presentaciones son muy importantes en este momento, cuando disponemos de montones de diferentes informaciones por todas partes, mientras que la mayoría de la gente no tiene suficiente conocimiento para entender el significado de esos mensajes. En gran parte estas informaciones tienen que ver con temas de salud y medicina, a medida que cada vez más personas se decepcionan con la medicina convencional y buscan nuevas soluciones.

Está resultando obvio que el siglo XXI pide un nuevo paradigma médico, una aproximación diferente a la salud y a los tratamientos. Muchos médicos e investigadores han estado desarrollando los principios de este nuevo enfoque; en particular contamos con los principios descritos en *La lógica de la salud*, escrito por el médico moscovita Anatoliv Volkov, que basó su libro en años de práctica y en el tratamiento de cientos de pacientes salvados de las más graves enfermedades:

> ➤ «La salud es un estado óptimo del cuerpo que implica una reacción adecuada del organismo hacia cualquier tipo de estímulo externo».
>
> ➤ «El organismo humano es un sistema autorregulado que puede ser corregido ligeramente, pero que nunca debe ser regulado desde el exterior».
>
> ➤ «Un organismo que responda de manera adecuada a estímulos externos no necesita fármacos. Por tanto, las medicinas y los fármacos solo deberían usarse para tratamientos médicos de urgencia».
>
> ➤ «Cualquier tratamiento debería tener el objetivo de restaurar el nivel natural de la adaptabilidad del organismo a un estímulo externo, excepto cuando algunas funciones de ese organismo se han perdido irreversiblemente».

Podemos ver que estas ideas tienen mucho en común con la visión de los grandes médicos griegos –como Hipócrates o Galeno– y de filósofos como Roger Bacon, pasando por los filósofos orientales (israelíes, chinos, coreanos e indios).

Lo que está ocurriendo hoy en el mundo moderno europeo es un retorno gradual a estas ideas, a un entendimiento más amplio de la naturaleza de los seres humanos y de nuestro lugar en el universo. En los países occidentales industrializados este proceso ha llevado a la creación de nuevas tendencias médicas que todavía no se han estructurado adecuadamente y que a veces ni siquiera tienen un nombre universal:

- Medicina alternativa.
- Medicina complementaria.
- Medicina integrativa.
- Medicina energética.
- Medicina holística.
- Medicina sistémica.

Estas denominaciones se pueden ver en los titulares de las revistas, en nombres de comunidades profesionales, en conferencias impartidas en congresos internacionales. Aunque todavía hay algo de confusión sobre cómo llamar a esta tendencia, la tendencia en sí misma ha ido madurando, se ha manifestado y ha demostrado su derecho a existir. Esta «nueva» medicina emplea una abrumadora variedad de métodos: desde la acupuntura, la homeopatía o las terapias eléctricas y magnéticas hasta estímulos psicosociales e informativos. Todos estos diferentes enfoques se unen en un principio: la idea de que el ser humano es un sistema unificado, y el concepto de influenciar la jerarquía completa del proceso uniendo el cuerpo material, la mente y el alma. UN SER HUMANO NO ES UNA MÁQUINA —UN ORDENADOR— NI UN LABORATORIO QUÍMICO; ES LA CREACIÓN DE DIOS, LA CUMBRE DE LA EVOLUCIÓN DE LA VIDA BIOLÓGICA EN LA TIERRA.

Esto cambia completamente el objetivo de la medicina como disciplina práctica. El principal propósito de la medicina alopática occidental es curar enfermedades. Al mismo tiempo, los médicos entienden que es más fácil acabar con un proceso maligno en un estado temprano que hacerlo durante una manifestación aguda de la patología. Muchas personas se podrían haber salvado de ataques al corazón o derrames cerebrales si se hubieran podido detectar y entender los procesos subyacentes a estas enfermedades antes de que apareciera la manifestación clínica. La mayoría de los tumores descubiertos en estadios tempranos se pueden tratar con éxito a través de los métodos actuales.

POR TANTO, UNA DE LAS PRINCIPALES TAREAS DE LA MEDICINA DEL SIGLO XXI ES LA CREACIÓN DE UN SISTEMA DE DIAGNÓSTICO PRECOZ Y DE PREVENCIÓN DE ENFERMEDADES; EN OTRAS PALABRAS, LLEVAR A CABO LA TRANSICIÓN HACIA UNA MEDICINA PREVENTIVA INDIVIDUALIZADA, UNA MEDICINA DE LA SALUD. EL OBJETIVO DE ESTA «NUEVA» MEDICINA ES PREVENIR LAS ENFERMEDADES EN LUGAR DE TRATARLAS.

Se dice que «todo lo nuevo es ya viejo». El concepto de prevención siempre ha sido la piedra angular de las medicinas orientales. En la antigua China, el médico de familia solo recibía su salario si todos los miembros de la familia se mantenían sanos. En el momento en que uno enfermaba, se le dejaba de pagar. No importaba si tenía que esforzarse mucho para conservar la salud de sus pacientes. Por el contrario, en la medicina occidental alopática pagamos a los médicos cuando estamos enfermos, y en consecuencia... (no desearía sacar conclusiones ofensivas). Parte del sistema de salud oriental consiste en técnicas de meditación, ejercicios de relajación, masajes e hidroterapia; nuestra medicina contemporánea tan solo está empezando a acercarse a ello. Han desarrollado una compleja serie de procedimientos para asegurar una vida saludable en la ancianidad, mientras que nosotros apenas hemos comenzado a asimilar estos métodos. Otro tema importante es que las medicinas sistémica, integrativa y alternativa solo emplean ingredientes naturales.

Los fármacos sintéticos modernos son efectivos en la mayoría de los casos, especialmente cuando se trata de salvar la vida de un paciente o de cambiar el curso de una crisis de salud. La medicina contemporánea es un campo de batalla donde uno tiene que salvar la vida del paciente, sin pensar mucho en los posibles efectos secundarios. Las medicinas naturales operan de una manera mucho más suave. Como norma, no producen un efecto intenso inmediato; hacen su trabajo a lo largo del tiempo, lentamente pero de un modo persistente y con final exitoso. Las medicinas basadas en plantas pueden curar enfermedades crónicas o prevenirlas antes de que aparezcan. Pequeñas dosis de estas medicinas no causan adicción o dependencia, y funcionan de forma muy eficaz en largos periodos de tiempo. Aparentemente, las sustancias naturales tienen algo que los químicos no son capaces de sintetizar. Puede ser la sistematicidad, la complejidad de la microcomposición, que desaparece en el momento en que se aísla el aparente principio activo.

Hemos llevado a cabo una amplia serie de experimentos en los que se ha comparado el brillo de los aceites aromáticos naturales con el de sus análogos sintéticos con idéntico espectro de masas (es decir, que tienen virtualmente la misma composición química exacta). En la mayoría de los casos, la dinámica del brillo de los aceites naturales es diferente de la de sus análogos sintéticos. Por tanto, los productos naturales deben de contener algún elemento elusivo que los químicos no pueden determinar, que da a las manzanas naturales su aroma y que llena de fragancia el florecimiento de las rosas. Quizás sea positivo que los químicos no lo puedan encontrar, o nos veríamos comiendo papel con aroma a bistec. Es suficiente con tener McDonald's en todas partes...

El tema del análisis instrumental es incluso más urgente en el campo de la psicofisiología. El desarrollo de métodos instrumentales aplicados al estudio del estado psicofisiológico de un individuo comenzó a atraer a los investigadores hace tiempo. Después de los primeros experimentos de Gustav Fechner, resultó obvio que la psicología está intrínsecamente unida con la fisiología, que cuerpo y alma forman una entidad continua e inseparable, un sistema unificado que define a un ser humano como un individuo con sus interacciones sociales y sus realidades psicológica y física.

Cuando aceptamos la idea de una estructura multinivel del ser humano, empezamos a entender la inseparabilidad entre las partes psicológica, física y fisiológica. Representamos esta conexión con un diagrama simple:

Alma ⟶ cerebro ⟶ sistema nervioso ⟶ fisiología

O, en otras palabras:

$$\text{Espíritu} \longrightarrow \text{conciencia} \longrightarrow \text{soma}$$

Cuando una persona vive para su alma, disfrutando de la compañía de sus amigos y parientes, disfrutando de su trabajo, puede realmente apreciar la vida en su totalidad y perfección. Por eso los conceptos de espiritualidad y metafísica penetraron inevitablemente en la ciencia occidental contemporánea y estimularon profundas discusiones en los foros científicos profesionales. V. A. Ponomarenko, doctor en medicina y catedrático de la Academia Rusa de Educación afirmó en una conferencia:

> Los psicofisiólogos no deberían intentar evitar el concepto del alma. El alma incorpora el intelecto y la mente, así como lo más importante: la experiencia obtenida del fenómeno del mundo que nos rodea... En otras palabras, la diferencia entre un profesional y un especialista está en el núcleo ético del individuo.

La experiencia acumulada en los años pasados apoya la conclusión de que los conceptos de espiritualidad y fisiología se pueden ver reflejados de forma muy práctica a través del estudio del campo biológico. Siguiendo el uso de este término después de A. G. Gurvich, usamos el concepto de campo biológico no como una abstracción metafísica, sino como un objeto psicofísico medible. El método de la imagen electrofotónica (EPI/GDV) es una de las posibles formas de estudiar un campo biológico.

Por el momento, un enfoque razonable podría ser considerar al campo de energía como un campo que puede ser representado por un tensor que no está en el espacio-tiempo de Einstein-Minkowski, es decir, que forma estructuras en la realidad física pero solo parcialmente en el espacio-tiempo físico. La moderna teoría de la dinámica cuántica proporciona una buena base conceptual para entender los campos de energía como una fuerza motriz de la naturaleza.

Muchas publicaciones de científicos de diferentes países han mostrado que el análisis de las imágenes electrofotónicas permite registrar la actividad de la radiación procedente del biocampo de cualquier organismo. Esto permite a los científicos obtener un conocimiento más profundo del fenómeno de la vida y del metabolismo, por medio del estudio de la dinámica del desarrollo en diferentes condiciones psicofuncionales de un individuo durante su vida. El biocampo emitido por el organismo tiene una estructura holográfica, pero no representa una formación constante, rígida; al contrario, es una nube viva, fluctuante, «respirante», concentrada en un área particular del espacio, pero no limitada por ninguna frontera rígida. El halo brillante alrededor del cuerpo de una persona o de sus órganos particulares, por ejemplo el biograma obtenido de un dedo, permanece constante y estable durante un cierto periodo de tiempo y, por tanto, dos imágenes tomadas con poco tiempo de diferencia entre ellas mostrarán prácticamente lo mismo. Sin embargo, el individuo empieza a pensar acerca de cómo ocurrirá un evento cercano, y la imagen brillante de los biogramas cambia, se estremece y una suave ola atraviesa la estructura, acariciando cada parte. Son como nubes: en un día lúgubre las nubes pueden ser estables, pero es posible detectar cambios incluso en esta estabilidad. De la misma forma, la energía biológica de los seres humanos responde a imágenes mentales, y un biograma puede ser una herramienta muy útil para diagnosticar el estado psicofisiológico de la persona.

La electrofotónica proporciona medios adecuados para observar las dinámicas de cambio del estado de un individuo a lo largo de su vida, o bajo la influencia de una terapia. Estas dinámicas reflejan la «respiración» del campo biológico del organismo, tanto en sus aspectos fisiológicos como psicológicos. El carácter natural de los cambios de los biogramas refleja los pensamientos y las emociones de la persona. Hasta el día de hoy, el método de la GDVgrafía se cuenta entre los más sensibles y precisos para monitorizar el estado de salud humana.

Durante miles de años, la salud y la longevidad han sido objeto de una amplia investigación en todas las civilizaciones del mundo. Médicos y astrólogos intentaron penetrar en los misterios de la vida y la muerte. Desarrollaron conceptos en un intento de explicar la enfermedad y el envejecimiento, el temperamento y el carácter. La mayoría de ellos se han perdido en las arenas del tiempo, y solo nos han llegado algunos ecos a través de fragmentos de manuscritos. Sin embargo, los manuscritos que han sobrevivido se basan en principios que difieren de la visión materialista occidental. Son los principios de la Tierra, de la energía de los árboles, la hierba y las personas. Durante una expedición con los indios de la Sierra Nevada de Santa Marta, en Colombia, hablamos en el lenguaje de la energía y ellos nos aceptaron, nos abrieron su alma y su santuario. Por tanto, cuando nos referimos a campos de energía, a meridianos y chakras, estamos usando el lenguaje creado por otras civilizaciones, un lenguaje que opera a nivel intuitivo, más allá de las ideas, y que ha demostrado su validez en la práctica durante miles de años.

EL MÉTODO ELECTROFOTÓNICO (GDV) HACE DE PUENTE ENTRE LA CIENCIA LÓGICA OCCIDENTAL Y LA CIENCIA INTUITIVA ORIENTAL. HACE POSIBLE PRESENTAR EL MISMO FENÓMENO EN DIFERENTES LENGUAJES, EN DIFERENTES SISTEMAS, Y MIRAR EL MISMO FENÓMENO DESDE DIFERENTES PUNTOS DE VISTA.

Si conoces los principios de la medicina tradicional china, si aceptas la idea de los meridianos, canales de energía y campos de energía, el método GDV es para ti, dado que el concepto de electroacupuntura está bien integrado en la medicina occidental moderna. Si te sientes cercano a las ideas de la medicina ayurvédica, podrás usar con mucho éxito el programa *GDV Chakra*, que lleva información adicional comparado con otros programas. Es posible hablar de las medidas de la energía y de la energía potencial de órganos y sistemas en cualquier idioma. Los conceptos presentados anteriormente muestran estas ideas con analogías occidentales modernas que las conectan con el paradigma científico actual.

Sé consciente del poder de tu mente; no tengas miedo de usarla en las actividades cotidianas. Acepta la vida como un regalo precioso, como un regalo de Dios, como una aventura única, y proyecta tus pensamientos positivos y tus visiones hacia el futuro. Tus ángeles te darán todo lo que desees, pero tienes que formular tus deseos y hacerlo de forma clara y precisa.

Estoy seguro de que este libro encontrará un buen número de lectores en el mundo de habla hispana.

¡Buena suerte!

PRÓLOGO

de **Bianca Atwell**

Artista multimedia y divulgadora científica

En nuestra percepción cultural occidental, la ciencia ha llegado a ser para muchos el bastión donde asirse y sentirse seguros cuando las explicaciones a nuestras dudas existenciales no encuentran respuestas en las religiones o creencias. Pero la ciencia no es un dogma, sino todo lo contrario. Es una puerta abierta a la experimentación; y experimentar es lo que parece que hemos venido a hacer todos a este mundo (al menos eso creo, desde mi limitada perspectiva).

Me siento feliz de ir encontrando, en mi camino de unir la ciencia con el arte, a científicos como Ana María Oliva, que son capaces de mostrarnos que el conocimiento se adquiere a través de la experiencia. Que podemos «saber» muchas cosas a través de los libros y de las experiencias de otros, pero que no «conocemos» realmente nada de este universo si no nos conocemos primero a nosotros mismos. En este maravilloso escrito, la autora nos propone ir directamente a la experimentación; nos cuenta algunos detalles de cómo viene ella misma transitando estos senderos del autoconocimiento y comparte con nosotros aquellos tesoros que ha ido encontrando al recorrerlos.

Si tuviese que definir con una sola palabra la fuente inspiradora de la que percibo que emana este libro, diría que esa palabra es «amor». Amor a la vida, amor a sí misma, amor a su trabajo, amor a sus alumnos... Cuando un científico es capaz de expresar sus hallazgos trayéndolos desde una fuente tan infinita, no puedo más que sentirme agradecida de haber sido también receptora de su contribución a nuestra evolución personal y cultural.

También me gustaría sugerirte que observes otra actitud subyacente en el texto que tienes delante: la humildad. Estamos acostumbrados a que muchos de los científicos, médicos, profesores, maestros y gurús de todas las áreas del conocimiento humano nos hablen desde la palestra, creando una división dogmática entre «lo que es cierto» y «lo que es falso», ostentando de alguna manera la autoridad suficiente como para proponernos teorías o perspectivas como si fuesen verdades absolutas.

Ana María Oliva tiene la humildad de entregarnos esta obra desde una sinceridad que tiene mucho valor para mí, sobre todo porque proviene de una mujer con una experiencia académica, profesional y existencial digna de ser compartida con todos. Y también porque ha tenido la capacidad de mantenerse en una visión libre de prejuicios, creencias o límites impuestos por la sociedad contemporánea. Nos ofrece aquí una perspectiva holística de nuestra existencia, al integrar los paradigmas sobre el funcionamiento de tres campos principales que actúan sobre nuestra vida: el campo físico de la materia que curva el espacio-tiempo, la estructura energética de los campos electromagnéticos y la información que nos «forma».

Todo ello en un lenguaje entendible, con ejercicios y propuestas que podemos aplicar a nuestra vida cotidiana si lo deseamos. Y esto también es para mí muy valioso, porque no siempre tenemos la posibilidad de que la información científica nos llegue de una forma tan clara y directa, de corazón a corazón: eso la vuelve confiable.

Me gusta comprobar, una y otra vez, que cuando una persona nos aporta su expresión, comenzando en su propia experiencia valiente y consciente de SENTIR LA VIDA, es cuando su obra, su trabajo y su contribución alcanzan a mostrarnos muchas de las puertas que aún nos quedan por abrir en esta apasionante aventura de estar vivos.

LA HISTORIA DE ESTE LIBRO

Todos los libros tienen una historia, algo que ha motivado que una persona pase un montón de horas sentada escribiendo, intentando transmitir algo. En mi caso, la historia es tan sorprendente y hermosa como mi vida. Es una historia llena de anécdotas, llena de experiencias, de sorpresas, de momentos insólitos, de bendiciones y de aprendizajes.

A través de este libro solo pretendo compartir una parte de esos aprendizajes, un retazo de lo que he vivido y he podido expresar en palabras. No pretendo hacer un tratado científico (aunque hable de ciencia) ni pedagógico (aunque haya una parte con un alto contenido pedagógico). Es mi propia necesidad de expresar la que me lleva a escribir —la misma necesidad que me llevó en su momento a contar todo lo que te ofrezco aquí a través de talleres—. La diferencia es que ahora no podré ver los ojitos brillantes de las personas que escuchan y que, en uno u otro momento, conectan con esta información, la cual les permite entender algunos detalles de sus propias vidas; esos ojitos que hacen que haya continuado impartiendo esos talleres y conferencias a lo largo del tiempo y del espacio. Porque no todos los días uno puede ser testigo de cómo alguien cambia, de cómo alguien entiende algo nuevo. Es realmente maravilloso. Si las informaciones que leemos o que nos llegan por el camino que sea no nos llevan a transformarnos, no nos conducen a conseguir una experiencia, serán tan solo otro montón de palabras acumuladas.

Las personas somos siempre mucho más de lo que parece, incluso mucho más de lo que nos parece a nosotras mismas. Hay algunos que me conocen como hija, como esposa, como amiga, como profesora, como investigadora, como terapeuta... y todo eso son facetas mías, diferentes expresiones de lo que hago, incluso de lo que soy. Empecé a recibir clases de yoga hace ya mucho tiempo, cuando apenas había centros de yoga en Barcelona, y allí me enseñaron por primera vez a *observar mi cuerpo*. No solo a sentirlo, sino a percibirlo como desde fuera. Luego vino *observar las emociones*, como si no fueran mías, como si no las sintiera (eso ya es más difícil). Y finalmente tocó *observar la mente*. En ese momento sentí que eso era un gran desafío: para poder observar mi mente me tengo que situar fuera de ella. Y eso significa «salir» de ella. Y entonces, ¿quién observa? ¿Quién soy? Como buena ingeniera, el pensamiento estaba en ese momento en la raíz de mi ser («Pienso, luego existo» había sido también mi lema durante mucho tiempo). ¿Cómo hago para observar mi pensamiento y dejarlo pasar? Muchos años han pasado desde entonces, pero la pregunta de «quién soy» sigue estando vigente; en determinados momentos de mi vida vuelvo a recordármela.

Tenemos todas esas facetas: el cuerpo físico, las emociones, los pensamientos..., que son las manifestaciones de un único evento: YO. Esas manifestaciones tienen diferentes elementos; están constituidas por unidades que podríamos decir que forman estructuras. A través de la práctica del yoga fui comprendiendo algunas de esas estructuras o «capas» que forman mi ser. Y eso me permitió ir comprendiendo muchos aspectos de mí misma y de mi propia vida. Pero me seguía rondando siempre la misma pregunta: ¿por qué es tan sencillo sufrir y tan difícil ser feliz?

¿Por qué me golpeo siempre en el mismo lugar? ¿Por qué siempre sufro por lo mismo? ¿Por qué se repiten las historias desagradables en mi vida? ¿Por qué un pensamiento negativo tiende a autoperpetuarse mientras que uno positivo tiende a desvanecerse?

Fíjate en un ejemplo: basta que por mi mente cruce la duda de si me he dejado la plancha encendida, o el gas al mínimo pero encendido, o si me habré olvidado un cable cuando voy a dar una conferencia, o las llaves del coche puestas... Cualquiera de estos pensamientos hace que mi cuerpo se contraiga, entre en una tensión exagerada y poco agradable y aparezca esa sensación de desasosiego que me hace estar pendiente solo de mi miedo. Un simple pensamiento. Ni siquiera una certeza; tan solo una duda. La poderosa duda... Dicen que, entre todas las armas que existen, el diablo escogió solo una: la duda. Porque si alguien consigue hacerte dudar, tendrá el control sobre tu mente. La incertidumbre se convierte siempre en causa de sufrimiento.

Así que empecé, desde mi bagaje cultural, desde lo que he aprendido (de entre lo que he estudiado), a intentar encontrar un modelo que me ayudase a entender por qué nos ocurre todo eso.

Somos capaces de llegar a la Luna, de mandar misiones espaciales a Marte, incluso de enviar sondas a puntos muy lejanos del sistema solar. Podemos escuchar el corazón de las estrellas, ver la luz que emitieron hace millones de años, pero somos incapaces de escuchar nuestro propio corazón, de ver la luz que nosotros mismos emitimos. Podemos reconocer la belleza en un cachorrito de animal, pero no valoramos el milagro de vida que somos todos y cada uno de nosotros, el milagro que es mi propia vida. No somos capaces de ver nuestra propia belleza. Ni nuestra inmensa fortaleza. Dedicamos esfuerzos y recursos ingentes a encontrar la respuesta a la pregunta de si hay vida más allá de la Tierra, pero no a la pregunta de por qué sufrimos. No nos asusta la inmensidad del cosmos, pero no somos capaces de enfrentarnos a nuestros propios miedos y a nuestra propia soledad. Hemos sabido llegar a la Luna, pero no tenemos ni idea de cómo regenerar un hueso. Tenemos la capacidad de implantar todo tipo de órganos, podemos sustituir casi cualquier «pieza» del cuerpo, pero no sabemos ni nos planteamos qué le ocurre al alma de una persona cuando le implantan un órgano de otra, ni qué se altera en nosotros cuando nos hacen una transfusión de sangre. En ningún caso digo que eso esté mal o que no se tenga que hacer; simplemente reflexiono sobre asuntos que habitualmente no nos cuestionamos. Hay quien asegura que estas preguntas pertenecen «al reino de la espiritualidad». Yo no creo que eso sea así. Para mí no existe una espiritualidad separada de la persona —ni de la mente ni del cuerpo—. Ni una persona separada de la espiritualidad. Existen diferentes maneras de percibirse a sí mismo y al mundo, diferentes grados de conciencia, pero no una separación. Yo soy más que mi cuerpo; por tanto, cualquier manipulación que se le ocasione tiene repercusiones a todos los niveles de mi ser. Sería interesante invertir un poco de tiempo en intentar entenderlo.

Cada vez aparecen más publicaciones sobre los efectos de la mente y las emociones en el cuerpo físico, sobre cómo una persona positiva tiene un sistema inmunológico más fuerte y por ello más posibilidades de sobrevivir en caso de enfermedad grave, sobre cómo el amor (sentirse amado y ser capaz de amar) es tan importante a la hora de recuperarse de las enfermedades. Se han encontrado muchos «eslabones perdidos» que relacionan la salud física con las emociones y con los pensamientos saludables. Incluso hay estudios que relacionan cómo lo que comemos nos induce determinadas emociones. No es tan descabellado, entonces, que me plantee qué le sucede a mi alma cuando me trasplantan un riñón. O qué circuitos energéticos se ven alterados por un implante de titanio en la boca. No se trata de emitir juicios sobre si estas acciones son positivas o negativas; solo se trata de ir tomando conciencia sobre aquello que hemos aprendido a hacer.

Ahora sí, ahí va el origen de este libro, esa pequeña parte de mi pequeña historia...

Soy docente desde hace muchos años. No sé qué es lo que me impulsa a ello, pero me apasiona estar delante de un grupo de personas sabiendo que tengo algo que explicarles. Seguramente es mi propia necesidad de expresar. O mi amor por la palabra. Si están dispuestas a escuchar (porque se trate de una conferencia o un taller), así es siempre más fácil. Cuando te oyen porque no tienen más remedio (por ejemplo, en algunas asignaturas de estudios reglados), el desafío para mi mente es más grande, porque no solo hay que explicar, sino también motivar a que te escuchen. Más divertido aún.

El origen de todo lo que viene a continuación está en mi práctica docente.

Todos sabemos y decimos que los jóvenes son nuestro futuro, y que de lo que les dejemos en herencia va a depender nuestra propia evolución como raza.

Vivimos tiempos en los que los cambios se suceden a velocidad vertiginosa, no solo los avances tecnológicos, sino también los fenómenos sociales. Hay muchas opiniones diferentes respecto a la dirección de este movimiento, pero lo que sí es innegable es que ahora tenemos muchas más estrategias para poder ofrecer una perspectiva diferente que nos aporte un mayor conocimiento de nosotros mismos, de manera que, al conocernos mejor, también podamos realizar con más éxito nuestra tarea de contribuir a la evolución de la Tierra. No se trata de añadir nuevas informaciones a lo que existe, sino de tomar conciencia de lo que realmente somos. Eso en sí mismo ya es mucho.

A lo largo de los últimos veinte años he estado trabajando con adolescentes y jóvenes desde diferentes ángulos: la educación en el tiempo libre, la educación no formal y la educación reglada. Y una inquietud se repite: los jóvenes, nuestro futuro, a menudo no saben encauzar su sensibilidad y sus inquietudes, y «se pierden» en una sociedad que no siempre da respuestas a sus preguntas, y que tantas veces resulta demasiado hostil e incomprensible.

Muchas de las informaciones que encontramos están llenas de confusión, y eso nos lleva a clasificarlo todo como falso o todo como cierto, o, finalmente, a quedarnos en la mayor de las incertidumbres. De nuevo, he aquí una incertidumbre que genera sufrimiento.

En mis años como docente me he encontrado con las inquietudes de los adolescentes que se plantean que «hay algo más», y con la incapacidad de muchos sistemas educativos para darles respuesta. Junto con ellos, estuve buscando estrategias para aprender mejor, para poder estar más relajados en nuestra vida y de esa manera tener acceso a la creatividad innata, a nuestra propia capacidad de obtener de nuestro interior todos los recursos que necesitamos para salir adelante con éxito. Experimentamos herramientas para aprender a sacar el máximo partido de todo nuestro ser y, sobre todo, a conocer más y mejor cuáles son nuestra realidad interna y nuestros propios mecanismos de funcionamiento. Exploramos la manera de asumir la responsabilidad de lo que ocurre en nuestra vida a partir de la observación objetiva de nuestra realidad (no de añadir ninguna creencia más), y de esa manera ampliamos nuestra capacidad de asumir el poder y de crear, en la medida de nuestras posibilidades, la realidad que deseamos vivir.

Pero todos los que hemos estado en contacto con gente sabemos lo difícil que es que alguien tome conciencia de lo que no conoce, de algo que jamás ha visto. Me explico: a los jóvenes les cuesta entender la enfermedad, porque ellos normalmente rebosan de salud. Es muy complicado que entiendan que determinados hábitos son nocivos para ellos cuando no pueden ver el deterioro en un cuerpo que se regenera fácilmente después de cada exceso. Solo al cabo de los años se oyen frases como esta: «Sigo aguantando igual una fiesta, ¡pero ahora tardo una semana en recuperarme!».

Y había una inquietud en mi mente o, mejor dicho, en mi corazón: vas caminando con esas personas a las que amas (porque no puedo evitar amar a esos alumnos que tengo delante) y ves cómo van tomando caminos que los llevan a destruirse, o como mínimo a complicarse la vida, a la vez que no se dan cuenta de lo que hacen, o no quieren o no pueden cambiarlo. ¡Qué importa!, la cuestión es que cada día que pasa hay hábitos más dañinos. Y no solo me refiero al posible consumo de sustancias tóxicas (fenómeno cada vez más habitual en nuestra sociedad) sino también a pensamientos tóxicos, a pautas emocionales tóxicas, que quizás son incluso más graves que las drogas, porque son gratuitos y de «fabricación casera».

Y cada día pensaba: «Si te pudiera mostrar lo que te ocurre cuando...». Pero ¿cómo hacerlo?

Y un día encontré una herramienta. Fue un encuentro «fortuito», a pesar de que a estas alturas ya todos sabemos que nada es por casualidad. Estaba asistiendo a un curso de terapias, y una persona tenía esa herramienta y nos enseñó una imagen. Cuando la vi, supe de inmediato que esa era una posibilidad para MOSTRAR algunas de las verdades que me rondaban por la mente. Fue un flechazo absoluto: «La quiero —me dije—. No importa cuándo ni cuánto. La quiero».

Siempre habrá quien acepte las cosas y quien, por más evidentes o científicas que sean, las seguirá negando. Pero como mínimo había una posibilidad, por peregrina que fuera, de poder ver lo invisible.

SEIS MESES DE MI VIDA

En esa época comenzó otra aventura en mi vida. Me encontraba en un momento de aquellos en los que el alma cuelga el letrero de «en construcción». Aunque, si soy honesta, debo decir que eso ha sido casi una constante en mi vida: temporadas en las que todo lo que creías que era cierto se viene abajo, en las que el lugar donde habías construido tus expectativas se hunde... Entonces te sientas ante un gran lienzo en blanco, con toda una paleta de colores preparada, y sin ni la más remota idea de qué es lo que quieres pintar. Uno mira alrededor como diciendo: «¿Y qué se supone que tengo que pintar?», y una vocecita te dice: «Lo que quieras; eres libre». Y uno contesta: «¡Ah, qué bien!, lo que quiera. Debe de ser una broma. ¿Qué me has dicho que había que pintar? ¿Cómo? ¿Dónde?». Y la vocecita, sonriendo, te vuelve a decir: «Lo que quieras; eres libre». Y, al borde de la desesperación, gritas: «¡¿Y qué se supone que quiero!?».

En esa tesitura (bueno, de hecho un poco peor de lo que la he descrito) acudí a lo único seguro que tenemos en esta vida: las personas que de verdad nos aman. E inicié una fuga geográfica, es decir, me fui de mi entorno con la esperanza de que un cambio de aires me sentara bien. Viajar siempre me ha parecido una manera maravillosa de transformar la mente, de salir de las obsesiones en las que nos encerramos, de aprender nuevas formas de vivir, de perder rigideces y ganar amigos. Lo cierto es que, por no saber, tampoco sabía adónde ir, ni me atrevía a ir sola, así que llamé a una amiga y le propuse hacer un viaje organizado. Ella aceptó. Bien, ya sabía algo en mi vida: iba a viajar al monte Shasta, en California.

Podría escribir otro libro entero solo con nuestro periplo hacia esa estancia planificada, y todo lo que ocurrió ahí.

Lo resumiré diciendo que allí conocí «casualmente» a un hombre colombiano. Nos pusimos a hablar porque hacía poco yo había leído un libro en el que se hablaba de los mamos, indígenas de la Sierra Nevada de Santa Marta, en Colombia. En ese momento, cuando me impresionaban mucho los dones de otras personas, tenía el sueño de ir allí a conocerlos. No solo porque son «guardianes de la Tierra», sino también por todo lo que había leído que son capaces de percibir. Ese señor colombiano me dijo que él los conocía personalmente, que había vivido con ellos, y me entusiasmé con la sola idea de estar con alguien que los había tratado. Luego, allí mismo, conocí a una mujer, colombiana también, a la que solo puedo definir como la dulzura divina hecha mujer: Margarita.

La vida siguió «centrifugándome» y acabé en Medellín, dos meses más tarde, en casa de Margarita. Allí también viví mil aventuras; recibí muchos regalos de la vida, regalos más grandes de lo que jamás habría imaginado. Solo diré que cuando me desperté tras mi primera noche en la finca, declaré mis adentros: «Me debo de haber muerto esta noche, porque estoy en el Paraíso». Los aromas, las flores, los pájaros, los colores, la dulzura de Margarita, la paz, la luz…, todo era sorprendentemente maravilloso. Pero la paz iba a durar poco tiempo. No habían transcurrido ni diez días y ya estaba subida en un autobús cruzando la tortuosa orografía colombiana camino a Cali. Y estando allí me invitaron a una reunión de «magia». Lo cierto es que en un principio yo no quería ir. En mi mente me imaginé un círculo de «brujas y brujos» con túnicas y velas..., y con las experiencias que había tenido después del Camino de Santiago ya tenía bastante. Pensé que lo que necesitaba no era volver a bailar con *devas*, sino aterrizar un poco. Pero cuando uno está solo en el extranjero, no siempre puede decidir libremente, así que terminé en la reunión. Por fortuna para mí, resultó no tener nada que ver con lo que yo entendía por magia, sino que se trataba de «magia del amor». Era una reunión de personas maravillosas que estudiaban las enseñanzas valiosísimas de un maestro «para los que ya se han cansado de sufrir». No sé bien cómo acabé hablando yo (tengo que reconocer que no me cuesta mucho hacerlo). Les conté mis aventuras como profesora, mis sueños y también mi experiencia a lo largo del Camino.

Al cabo de unos días me llamó una persona que había asistido a esa reunión. Se trataba de alguien muy especial, que era capaz de ver más allá de las palabras. Era una de esas personas que, sin conocerlas de nada, sabes que son parte de tu familia de alma: Piedad. Con ese gesto se convirtió en mi «hada madrina» (tarea que todavía sigue ejerciendo). Me dijo:

—Como a ti te gustan los adolescentes, he invitado mañana a merendar a unas personas para que les cuentes tu proyecto.

Yo me sorprendí, sonreí y le contesté:

—Muchas gracias; nos vemos mañana.

Me fui a mi habitación, miré al cielo y pregunté: «¿Cuál es mi proyecto?». Me quedé meditando un rato, tomé un papel y mis lápices de colores y me puse a hacer garabatos, sin demasiado orden ni sentido, sin pensar demasiado. Cuando al cabo de un rato miré, no vi un montón de trazos en ese papel: vi realmente un proyecto apasionante. Podía utilizar aquella máquina que había visto para mostrarles a los chicos que somos más de lo que parece, que las cosas nos afectan aun cuando no podemos verlo y también que somos más poderosos de lo que nos creemos.

Me entusiasmé con la idea; la verdad es que me pareció fascinante. Agradecí la «inspiración» y me dispuse a elaborarla de una forma algo más ortodoxa. Improvisé un *powerpoint* a base de papeles pintados con dibujitos. La cuestión es que les gustó la idea, y sencillamente me preguntaron: «¿Cuándo puedes hacerlo?».

Un mes más tarde regresé a España, compré la máquina y empecé a aprender a usarla (gracias infinitas a todos los que colaborasteis desinteresadamente en ello, a todos los que me dejasteis sacar las imágenes con las que comencé a aprender).

Y así se inició mi propia investigación: ¿qué ocurre si hago esto? ¿Y si consumo lo otro? ¿Y si...? Empecé a experimentar con todo lo que tuve al alcance, con todos a quienes tuve al alcance, cada vez más sorprendida y maravillada ante la facilidad con la que se podían mostrar algunas cosas. Y poco a poco fui elaborando un pequeño viaje, un recorrido por situaciones y circunstancias cotidianas con el objetivo de ser cada día un poco más consciente. Poco a poco fue naciendo *Lo que tu luz dice*.

Este libro es la expresión de algunas de mis facetas. Lo he organizado en tres partes, de modo que se puedan leer y entender de forma independiente una de la otra. La primera habla sobre los campos de energía de los seres vivos en general y de los humanos en particular, y sobre cómo los descubrimientos científicos en este tema nos permiten acercarnos al hombre y a la salud desde otro ángulo. Llevo muchos años dedicándome a la investigación formal sobre la interacción entre la materia viva y las radiaciones electromagnéticas, y ello me ha llevado a leer mucho sobre la información que se ha publicado (en contextos científicos) sobre ello. Ineludiblemente, al estudiar la interacción entre una radiación externa y los seres vivos, uno descubre que también estos tienen sus propios campos de energía (unas radiaciones llamadas endógenas), que son como antenas que reciben y emiten información y que su propia biología se ve modificada por ese intercambio de radiaciones. He revisado el cambio de marco teórico que supuso la física «moderna» (la cuántica y la de la relatividad) respecto al modelo mecanicista imperante con quienes considero que son los hitos más importantes de la investigación científica relacionada con este tema. Es una parte que habla de ciencia, con datos concretos, con nombres y apellidos. Entiendo que haya personas a quienes no les interesen los datos técnicos.

La segunda parte muestra la tecnología empleada para visualizar, medir y analizar estos campos de energía, y el uso que (en un contexto concreto de mi vida) he hecho de ella, desde una intención puramente pedagógica. A través de casos concretos de personas y situaciones, analizo cómo las diferentes circunstancias de la vida van modificando nuestro campo energético, cómo algunas de las interacciones con el exterior (o con nuestro propio interior) nos llevan a armonizarnos y otras a desarmonizarnos y cómo, en general, esta realidad energética dice mucho de nuestra forma de ser y de vivir. Al final de esta segunda parte también hay una pequeña reflexión sobre la salud y la enfermedad, así como algunos pensamientos que me han ayudado en mi camino por este hermoso planeta.

Por último, la tercera parte es una reflexión sobre cómo esa información científica, aplicada al ser humano, nos permite entender aspectos muy interesantes de nuestra propia forma de ser. Es mi interpretación personal, el modo en que entiendo al hombre hoy por hoy, con una visión científica y a la vez mi propia experiencia de vida, una visión que me permite entender por qué es tan fácil sufrir y aparentemente tan difícil ser feliz...

Sin más, aquí comienza este asombroso viaje...

Primera parte

LA CIENCIA Y EL BIOCAMPO

LA CIENCIA

Este es un capítulo de ciencia. Es habitual en determinados ámbitos escuchar que somos seres de luz. Pero ¿realmente lo sabemos? ¿Está publicado en algún sitio? Si es así, ¿se puede medir la luz que emitimos? ¿Tiene esta alguna información sobre mí, sobre mi estado de salud, sobre mi manera de vivir? ¿Me puede servir de algo conocer mi energía? ¿Es posible utilizar un análisis de la energía para evaluar mi salud? ¿Realmente todo esto es científico?

La respuesta a todas estas preguntas, y a muchas más, es «sí». Hay mucho escrito y descrito, infinidad de explicaciones científicas del mundo de los campos de energía de los seres vivos: teorías que muestran de dónde provienen, cómo funcionan, cómo medirlos, cómo extraer información de ellos y cómo armonizarlos. Lo que ocurre es que la mayor parte de la información no está en español (lo cual limita a muchas personas), a veces ni siquiera en inglés, y no se puede acceder a ella fuera de los circuitos científicos. Hay grandes libros de divulgación que hacen síntesis magistrales de los descubrimientos que se han logrado. Algunos de ellos los he incluido en la bibliografía del final. Mi intención en este capítulo es sintetizar lo que he podido entender de entre lo que he leído de los campos energéticos biológicos.

Antes de comenzar a describir datos y fenómenos, quiero hacer una reflexión inicial. La ciencia está continuamente elaborando y revisando teorías que permitan explicar los fenómenos de la vida cotidiana. Es importante recordar y tener en cuenta que se trata de teorías. Y una teoría no es lo mismo que una verdad. La ciencia observa, clasifica, relaciona, explica... A veces entiende, a veces solo describe. Pero no hay que perder nunca de vista que lo que hace la ciencia es elaborar teorías a través de las cuales trata de explicar la realidad; no muestra la realidad en sí misma. Lo que ocurre es que, desde hace ya varios siglos, lo que dice la ciencia se convierte a menudo en dogma, mucho más rígido de lo que la misma ciencia probablemente querría. Cuando Aristarco de Samos aseguró, en el siglo III a. de C., que la Tierra giraba alrededor del Sol, nadie le hizo caso. Cuando Copérnico retomó esa teoría en el siglo XVI, la sociedad ya estaba un poco más madura para aceptarla. Pero cuando poco después Galileo continuó desarrollando el heliocentrismo, pasó de héroe a villano al toparse con que las implicaciones sociales y morales de esa teoría iban más allá de lo científico. Entró en el terreno escabroso de los dogmas de la fe. Aunque aparentemente se trataba de dos ámbitos diferentes, los dogmas de la ciencia chocaron (y chocan a menudo) con los de la religión. La religión (no la espiritualidad) propone creencias relacionadas con el hombre, la Tierra, el universo y sus vínculos. Afirmar que la Tierra giraba alrededor del Sol era lo mismo que decir que el hombre no era el centro de la creación. En un pasaje de la Biblia Josué ordena detenerse al Sol y a la Luna, y se detienen; eso significa que giran alrededor de la Tierra y no al revés. Y aunque parezca una trivialidad, seguimos diciendo que el sol «sale» por el este y «se pone» por el oeste.

Una ciencia con nuevos instrumentos que empieza a ver más allá de lo que los ojos nos muestran tropieza con la rigidez mental de quienes habían ostentado el conocimiento hasta el momento. Tal vez eso sea algo que se esté repitiendo actualmente: las implicaciones sociales y filosóficas del paradigma cuántico chocan frontalmente con muchos intereses creados y muchas creencias en nuestra sociedad. Pero ninguna teoría científica es eterna; dura un tiempo —mientras el conocimiento que se tiene del fenómeno que observamos se elabora y se adecua a él—. Ese conocimiento va continuamente creciendo, porque aparecen nuevas herramientas de observación. Por tanto, los paradigmas establecidos están destinados inexorablemente a ser modificados.

Durante varios siglos, las leyes de Newton fueron la única explicación de la realidad. Constituyeron el eje de un paradigma también llamado mecanicista, en el cual tanto el universo como cada una de sus partes (el ser humano incluido) son considerados como una máquina de increíble y absoluta precisión. Además, en este paradigma todo lo real tiene que ser físico. Poder describir el funcionamiento de algo equivale a conocerlo. Todo funciona como un gran reloj, ordenado y preciso, predeterminado y, por tanto, predecible. Por supuesto, esto es un paradigma, un marco teórico, que funcionó para ir describiendo la realidad hasta lo entonces conocido y que estableció las bases de una sistematización de las investigaciones, lo que conocemos como método científico. La realidad que en ese momento se podía percibir era explicada a través de este modelo. Pero a medida que los avances científicos permitieron desarrollos tecnológicos de mayor precisión, comenzaron a descubrirse nuevos mundos: empezamos a poder ver más allá de los límites de la visión de nuestros ojos y apareció el mundo de las células, los átomos y las partículas subatómicas, así como el mundo de las estrellas, los planetas y las galaxias. Resultó que estos nuevos descubrimientos pusieron en jaque al modelo mecanicista, porque ni lo más pequeño ni lo más grande siguen las leyes de Newton.

Las leyes de Newton solo explican (o, mejor dicho, describen) los fenómenos que ocurren a escala macroscópica, a escala humana. Para explicar lo que sucede con lo infinitamente pequeño se estableció otra teoría (la mecánica cuántica) y para lo infinitamente grande, otra teoría más (la de la relatividad). Fue un cambio de paradigma, un cambio en la manera de explicar la realidad, motivado por una transformación de la percepción de la realidad misma. Sin embargo, ninguna de estas dos poderosas teorías explica de manera total la realidad, y ambas tienen problemas de coherencia con las observaciones. Se siguen haciendo esfuerzos impresionantes para construir una teoría unificada que funcione no solo para una parte sino para el todo, no por el placer de hacer una teoría nueva, sino por el anhelo de entender qué es esto que llamamos vida, qué hacemos en el planeta o cómo funcionan las cosas.

Los científicos somos, ante todo, personas curiosas. Tienes que serlo para estar cientos de horas sentado observando un comportamiento o unos datos con el único objetivo de entenderlos, repitiendo incansablemente el mismo experimento decenas de veces «para tener estadística». El anhelo de entender cómo funciona lo de fuera probablemente no deje de ser una proyección del anhelo de conocernos a nosotros mismos. Las teorías nos acercan a explicar determinados fenómenos o procesos. A medida que sigue aumentando nuestra capacidad de observación (por las mejoras tecnológicas o de la conciencia), las teorías son obligatoriamente revisadas. Y cambia de nuevo el paradigma.

La mecánica cuántica (la de lo infinitamente pequeño) nace a principios del siglo XX, y aunque está de moda en ciertos ambientes (al menos mientras escribo estas líneas), todavía no ha calado en el grueso del pensamiento común. A pesar de su aparente complejidad, muchas personas declaran sin ningún tipo de rubor utilizarla cotidianamente en sus prácticas. No deja de sorprenderme la facilidad con la que algunos hablan de que usan la medicina cuántica o directamente la física cuántica en sus actividades diarias. Siempre me quedo con las ganas de que me expliquen a qué se refieren con ello. Sin embargo, hay muchas cuestiones en la teoría cuántica que plantean problemas. Esto es normal, porque es solo una teoría, es decir, se trata únicamente de un intento de explicar una parte de la realidad, la que captamos. Pero todavía negamos una gran parte de la realidad. Hay fenómenos que ocurren y que son totalmente «anómalos» para las teorías actuales. Por ejemplo, el hecho de que algunos descubrimientos se produzcan simultáneamente en diferentes lugares del mundo (conexión no local y no temporal) es algo que no se puede explicar con las teorías actualmente aceptadas de forma mayoritaria en la comunidad científica. Sin embargo, ocurre. Las madres lo saben muy bien. Y cada vez más personas son conscientes de esa unidad entre todo lo que existe, deslocalizadamente.

Algunos científicos del siglo XX ya hablaban de ello: de una matriz cósmica, de un campo unificado, de un campo akáshico, como dirían desde la cosmogonía hindú (o como diría más actualmente el filósofo de la ciencia Ervin László). El mundo no está fuera de nosotros sino dentro, y formamos parte indivisible de él.

Sin embargo, nuestra mente está diseñada para la separación. Está diseñada para permitirnos una experiencia que nos proporcione un aprendizaje, y para eso parece que es necesario que nos sintamos separados. Esa es la gran dificultad: buscar una teoría, un paradigma unificado cuando en nuestra propia mente predomina la separación no es algo sencillo.

En cualquier caso, todo cambio de paradigma es bienvenido. Al transformar la manera de describir el mundo, permitimos ideas nuevas a nuestra mente y nos permitimos también experimentar cosas nuevas. Pongo un ejemplo: desde las matemáticas se nos enseña que $1 + 1$ siempre suma 2. Una manzana y otra manzana nos dan dos manzanas. Se supone que esto debería ser válido siempre. Pero si hacemos una pequeña extrapolación, no siempre resulta cierto. Un foco de luz junto a otro foco de luz nos proporciona el doble de luz. O no. Tal vez nos da oscuridad. ¿Cómo es eso posible? Por las propiedades que conocemos de la luz. Podemos crear una interferencia constructiva (y tendremos el doble de luz) o una destructiva (y no tendremos luz en absoluto; los dos haces de luz se anularán entre sí). Y resultaría una preciosa

INTERFERENCIA

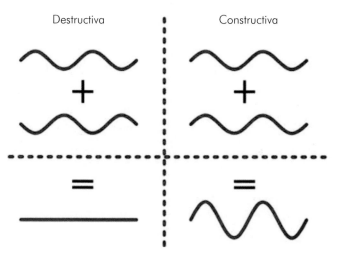

Destructiva | Constructiva

paradoja que dice que luz + luz = oscuridad. O que materia + materia = vacío. O que vacío = materia. Con todas esas «paradojas» (científicamente comprobadas y explicadas) en mente, ya no podemos continuar en un mundo dual, en un mundo de bueno y malo, de positivo y negativo, de luz y oscuridad... Debemos, obligatoriamente, replantear nuestro lenguaje para poder adaptarlo a esta realidad.

Ese replanteamiento del lenguaje no es algo fácil. Tenemos muy arraigado un determinado vocabulario para describir la realidad. El solo hecho de poner nombre a las cosas es una manera de limitarlas. Otra dificultad es el abuso del lenguaje. Hoy en día se puede oír la palabra «frecuencia» en referencia a multitud de conceptos diferentes, aunque en realidad indica «una magnitud que mide el número de repeticiones por unidad de tiempo de un suceso periódico». Así pues, cuando al hablar de determinada herramienta terapéutica se dice que tiene una «frecuencia muy alta», ¿qué tipo de repeticiones se están midiendo? ¿La energía electromagnética? ¿Las ondas mecánicas? Sin embargo, «frecuencia» se utiliza habitualmente como sinónimo de algo que es muy poderoso, muy «espiritual», o muy sanador, cercano al amor incondicional, al ideal de perfección, etcétera. ¡No es fácil encontrar una nueva palabra para describir eso!

Tal vez haya sido ese abuso del lenguaje lo que ha generado una gran confusión en las publicaciones. «Expertos» en sonido que confunden las ondas mecánicas (del sonido) con las electromagnéticas (por ejemplo, la luz), textos que al leerlos parece que han sido escritos sin demasiado conocimiento sobre el verdadero significado de las palabras utilizadas. De todos modos, todo está siempre bien. Esos intentos de explicar una realidad intangible —no explicada anteriormente— a través de «antiguos» vocablos siempre van a generar confusión, hasta que podamos encontrar las palabras adecuadas para ello. Y probablemente tengamos que recurrir a términos aún más antiguos, como la «red de Indra», para describir la realidad holográfica y la no separación de la creación entera, o el «Tao» para referirnos al continuo fluir de los aparentes opuestos en un camino de unidad. O nos inventaremos nuevos nombres para conceptos ya conocidos. Por ejemplo, si quieres investigar sobre los meridianos de acupuntura en las publicaciones científicas ortodoxas, puedes indagar sobre el «sistema primo vascular», denominación que están utilizando actualmente.

EL PARADIGMA MODERNO

Para poder entender el cambio que supone la irrupción de las nuevas teorías de la física en la concepción sobre la vida, y más concretamente sobre el ser humano, debemos tener en cuenta tres conceptos que considero básicos: campo, holograma y coherencia. Vamos a hablar de ellos.

CAMPO

En física, un campo es una región del espacio que se ve afectada en sus propiedades porque hay «algo» en ella. El ejemplo más típico es el campo magnético generado por un imán. Por el simple hecho de estar ahí, el imán genera un campo a su alrededor, con una forma concreta. Es importante darse cuenta de un par de aspectos: por un lado, esa propiedad va más allá del espacio físico ocupado por el objeto que genera el campo. Incluye los bordes del objeto más el espacio que tiene alrededor. Es más fuerte cuanto más cerca se está del objeto que genera el campo, pero, aun así, a una cierta distancia todavía hace efecto. Por otro lado, no importa si cerca del imán hay o no un objeto ferromagnético (susceptible de verse atraído por él). Independientemente de lo que suceda a su alrededor, el campo está ahí por la simple presencia del imán.

Vamos a analizar estos diferentes aspectos. No puede establecerse un límite preciso ni para el campo electromagnético ni para ningún otro campo en general. Por la naturaleza de los campos, a medida que nos alejamos de ellos se van haciendo más débiles, de modo que llega un momento en que son imperceptibles con los instrumentos de medida actuales, porque o bien no se perciben o bien se confunden con el «ruido» de los campos del entorno. En condiciones especiales, se puede confinar ese campo a un espacio concreto, por ejemplo si usamos una cámara especial con materiales capaces de retenerlo. Eso es lo que ocurre en el interior de un horno microondas, en el que se genera un campo electromagnético que (se supone) no sale del horno. O con una guía de ondas, como por ejemplo la fibra óptica, donde se obliga a las ondas a pasar por un determinado lugar; se las encierra como si fuera un fluido por una tubería. El campo magnético es más difícil de aislar. Cuando hablamos del campo asociado a un ser vivo, observamos que, así como el cuerpo físico sí tiene un límite, el campo asociado no lo tiene. Hasta ahora considerábamos que un ser vivo ocupa un determinado espacio que está delimitado por su piel, pero el concepto de campo cambia esta percepción.

Además, los campos tienen forma, que es lo que determina la energía que puede existir en ellos. La forma limita la energía a la vez que la naturaleza del campo limita la forma, es decir, la forma y la naturaleza del campo son inseparables, y a su vez determinan la energía que pueden sostener. Por ejemplo, un pollito solo puede crecer en el huevo porque tiene esa forma, y esa forma determina el campo electromagnético asociado que ordena el proceso de desarrollo embriológico. Pero el campo presenta esas características porque el huevo tiene esa forma. ¿Qué es antes? La pregunta ahora no es si es antes el huevo o la gallina, sino si es antes la forma o la energía.

Como el campo no tiene un límite preciso, eso también significa que no se puede aislar completamente. Si no hay frontera, no hay separación. Eso genera una gran dificultad a la hora de estudiarlo, porque si no se puede aislar es muy difícil asegurar que el efecto observado corresponde a un único campo.

También hay que tener en cuenta que un campo interactúa continuamente con el resto de los campos por superposición y por resonancia. La superposición nos permite «sumar» (o «restar», dependiendo de si la interferencia es constructiva o destructiva) ondas. La resonancia nos permite «activar» ondas si la frecuencia es la adecuada. Tomemos el ejemplo de los diapasones: si tenemos dos diapasones iguales y hacemos sonar uno, el otro empezará a sonar por resonancia. Lo habremos activado por el efecto de las ondas acústicas del vecino.

Todo esto hace que estudiar los campos sea algo complicado. En realidad, un campo no se puede medir en sí mismo, sino que es necesario estudiar sus interacciones con otros campos u objetos. Salvando las distancias, sería lo mismo que intentar medir el viento. Es algo que no puedo ver, que no termina ni empieza en un lugar concreto. La única manera que tengo de hacerlo es poner un receptor adecuado, como una vela, y estudiar la interacción entre el viento y la vela. Entonces podré estudiar cuál es la velocidad, la dirección, la variabilidad y la fuerza que ejerce, y todo un conjunto de parámetros que me van a servir para intentar describir ese fenómeno.

A pesar de que pueda parecer que el concepto de campo está reservado para los aspectos no vivos de la materia, no está en absoluto alejado del mundo biológico. Cuando en biología se encuentran con el misterio no resuelto de la embriogénesis, se dan cuenta de que aparentemente la forma del organismo (ya sea un organismo unicelular, como una bacteria, o se trate de un organismo pluricelular, como un embrión) parece estar regulada por el todo. Esta regulación conjunta supone que el comportamiento de una región del organismo está conectado con el comportamiento de otras regiones. Eso es lo que podríamos denominar una regulación holística. Y para este tipo de sistemas, la palabra «campo» es la que encaja por definición. Más adelante veremos cómo la introducción del concepto de campo en los sistemas biológicos es una puerta excelente para acceder a la comprensión de la realidad de otro modo, y para poder explicar fenómenos que hasta ahora resultaban inexplicables.

El segundo de los conceptos que es importante conocer y que tiene mucho que ver con el de campo es un sistema de codificación de la información con características únicas: los hologramas.

HOLOGRAMA

Un holograma es una imagen tridimensional que se obtiene con una técnica de fotografía especial basada en el láser. No es algo ajeno a nosotros, pues hay hologramas en las tarjetas de crédito, en las baterías de los móviles y en unos cuantos objetos cotidianos más. El principio de funcionamiento es el siguiente: hay una fuente de luz tipo láser que se divide en dos haces. Uno de ellos es el de referencia, y no atraviesa objeto alguno. El otro impacta en el objeto que se va a fotografiar antes de pasar a la placa fotográfica. Allí se produce una interferencia entre los dos haces, el de referencia y el que ha pasado por el objeto. El resultado es un patrón en el que se solapan las informaciones procedentes de ambos haces, lo que da lugar a una imagen que varía en función del ángulo desde el que es observada, con información tridimensional. La palabra «holograma» hace referencia a la posibilidad de ver el objeto totalmente, de forma completa, a diferencia de las fotografías en dos dimensiones, que no permiten ver «la cara oculta de la Luna». Los hologramas tienen una propiedad muy interesante: si cojo una placa fotográfica holográfica por ejemplo de una manzana y la parto por la mitad, al iluminarla con la luz adecuada tendré de nuevo una manzana completa (en este caso dos manzanas, una por cada trozo). Es decir, la información del todo está en cada una de las partes.

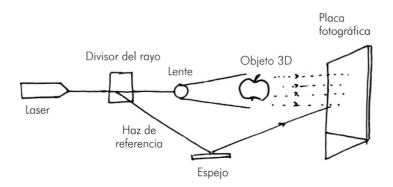

Las implicaciones que esto tiene no serían trascendentes si se tratara solo de una técnica fotográfica inventada por el ser humano; pero algunos científicos, como David Bohm, afirmaron que es posible que el universo tenga una estructura holográfica. Eso significa que la información del universo completo se encontraría en cada una de sus partes. La teoría holográfica del universo ofrece una perspectiva nueva para acercarnos a comprender el orden y la organización del mundo físico. Habitualmente la ciencia trata de diseccionar los fenómenos hasta su parte más pequeña y estudiar los diferentes componentes. Un holograma nos dice que tal vez esta no es la mejor manera de acercarse a la realidad, que tal vez mirando la totalidad nos resultará más fácil entenderla.

En 1982 Alain Aspect encontró que, bajo ciertas circunstancias, las partículas subatómicas se pueden comunicar entre sí sin importar a qué distancia se encuentren unas de otras. Es como si hubiera un vínculo que las mantiene unidas y hace que cada una tenga siempre información del estado de la otra. Eso hizo «crujir» los cimientos de las teorías del espacio-tiempo, porque significaba que había algo que se podía mover a mayor velocidad que la luz (porque esa información se comparte de forma instantánea). Sin embargo, hay otra explicación. Se ve ilustrada de forma muy clara por Bohm a través del ejemplo de la pecera. Imaginemos que tenemos una pecera en la que un pez nada, y dos cámaras para verla. Una nos muestra una visión frontal de la pecera, y la otra lateral. De este modo, vemos a la vez las dos imágenes. Podríamos llegar a la conclusión de que estamos viendo dos peces, y de que cuando uno de ellos se mueve en una dirección el otro simultáneamente se mueve en la dirección opuesta. Sería una interpretación errónea, basada en la idea de que estamos viendo dos peces, cuando en realidad sabemos que se trata de un único pez.

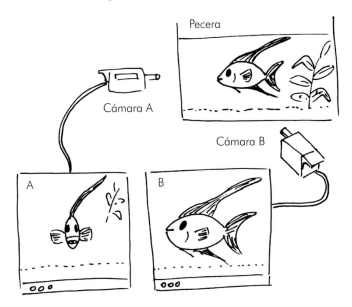

Cuando percibimos nuestra realidad dual, tal vez no nos estamos dando cuenta de que estamos percibiendo dos escenas del mismo suceso a través de dos «cámaras» diferentes.

Bajo esta interpretación, nuestros dos fotones no se estarían comunicando; ocurriría que estarían unidos, a través de algo que no podemos ver ni medir. No es que se estén enviando mensajes; lo que sucede es que no están separados. Es más; no son dos cosas diferentes, sino dos manifestaciones de la misma realidad. No se trata de partículas independientes, sino que forman parte de algo continuo e indivisible.

Un universo holográfico formado por todos los patrones de interferencia de todo lo que existe y ha existido es un registro infinito y perpetuo de todo lo que ocurre. Cada información de cada pensamiento, cada gesto, cada actitud, cada palabra, cada movimiento..., todo ello está codificado como una onda. Las interferencias pueden ser destructivas, pero la información codificada en ellas no desaparece, sino que queda registrada en el holograma. Eso parece lo mismo que hablar de los registros akáshicos, la biblioteca universal de todo lo que ha ocurrido desde el origen del tiempo (el tiempo, a su vez, tampoco existe, o al menos no de la manera en que lo experimentamos).

Nuestra mente lineal tiene dificultades con este concepto. Pero ¿realmente nuestra mente es lineal? Karl H. Pribram, neurofisiólogo de la Universidad de Stanford, afirma que nuestra mente también funciona como un holograma. Las impresiones y las memorias no están almacenadas en lugares concretos del cerebro, sino «dispersas» en patrones de impulsos neurales que se entrecruzan por todo el cerebro de la misma manera que los patrones de un rayo láser entrecruzan la totalidad del área de un negativo que contiene una imagen holográfica. Es una buena forma de explicar cómo es posible que se almacene tanta información en un órgano aparentemente «pequeño» y la facilidad con la que accedemos a la información guardada, lo efectiva que es nuestra memoria.

Según la teoría holográfica, el ser humano (y cualquier otro ser) es un aparato receptor que se halla flotando en un mar inmenso de frecuencias y patrones de interferencias, del cual extrae una serie de informaciones que transforma en realidad física. Las dimensiones paralelas, los viajes en el tiempo y en el espacio, las regresiones a vidas pasadas, la telepatía... todos esos interrogantes de la ciencia ortodoxa cobran un nuevo significado en el paradigma del universo holográfico.

COHERENCIA

El tercer concepto clave para mí en el entendimiento de este nuevo paradigma es el de coherencia. Cotidianamente utilizamos este concepto para hablar de alguien que piensa, siente y actúa en la misma línea. En ciencia, una radiación coherente es aquella que está «en fase», lo que quiere decir que todas las crestas y todos los valles se producen a la vez. Toda la información está en sincronía. Esa es la diferencia principal entre un haz de luz normal y un rayo láser. El láser tiene todos los haces de luz coherentes, en fase. Eso le da mucha fuerza, de modo que goza de propiedades tan extraordinarias como la de poder cortar metales.

Con estos tres conceptos tenemos las bases

COHERENTE

NO COHERENTE

para entender otra manera de percibir la realidad o de construir un modelo de ella que, repito, es tan solo un modelo que puede explicar determinados fenómenos que ocurren, pero que de ninguna manera debe ser considerado como la verdad o la realidad en sí misma, la cual siempre va a escapar a cualquier definición que hagamos de ella. Dicho de otro modo, tenemos una «caricatura» de la realidad.

Dentro de este nuevo paradigma, el campo energético tiene una gran importancia; de hecho, se convierte en una manifestación de la vida. Sabemos que todo lo que existe genera un campo (o procede de un campo) de diferentes manifestaciones energéticas, entre ellas la electromagnética, y la teoría de ondas explica que todas las ondas tienen un comportamiento holográfico, de modo que la información de cada parte contiene la del todo, y viceversa. Es decir, tenemos una forma de describir la vida basada en campos con información holográfica y con ondas coherentes. Esto nos da una perspectiva nueva sobre la vida, porque a pesar de que contamos con una ciencia llamada biología, es decir «estudio de la vida», que acumula cientos de años de investigaciones, aún no sabemos definir qué es la vida, ni mucho menos crearla. En cierto modo podemos describir algunas de las funciones vitales de los organismos, y lo que sí hemos aprendido muy bien es, desgraciadamente, a quitar la vida.

Antes de pasar a lo que la ciencia señala sobre los campos de energía humanos, haré un breve apunte técnico sobre los campos electromagnéticos. A la hora de nombrarlos o representarlos podemos utilizar dos parámetros, la frecuencia o la longitud de onda, que son equivalentes entre sí. Ambos se representan a través del espectro electromagnético.

EL ESPECTRO
ELECTROMAGNÉTICO

E l espectro electromagnético es una manera de representar diferentes radiaciones; por ejemplo, en función de
su frecuencia.

Longitud de onda (metros)

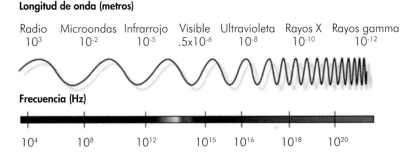

Radio	Microondas	Infrarrojo	Visible	Ultravioleta	Rayos X	Rayos gamma
10^3	10^{-2}	10^{-5}	$.5 \times 10^{-6}$	10^{-8}	10^{-10}	10^{-12}

Frecuencia (Hz)

10^4 $\quad$ 10^8 $\quad$ 10^{12} $\quad$ 10^{15} $\quad$ 10^{16} $\quad$ 10^{18} $\quad$ 10^{20}

El espectro electromagnético

La frecuencia se mide en hercios (ciclos por segundo), y
es una medida de la velocidad de la vibración correspondiente a la onda. El espectro es virtualmente infinito, y para su

estudio se suele dividir en diferentes regiones, de forma un poco arbitraria. Así tendríamos los campos estáticos (de frecuencia igual a cero), de muy baja frecuencia, baja frecuencia, radiofrecuencia (que se llama así por ser la utilizada en las comunicaciones a través de radio), microondas (como las de los hornos y los teléfonos móviles), infrarrojos, la ventana de luz visible (que es realmente pequeña respecto a todo el espectro), luz ultravioleta, rayos X, rayos gamma... Algunas de estas emisiones son utilizadas en comunicaciones, en el ámbito militar y en el ámbito médico: electrocardiogramas, electroencefalogramas, cámaras de infrarrojos, etcétera.

En el espectro electromagnético se puede representar cualquier tipo de radiación electromagnética, incluidas las de origen biológico.

Cuando se habla de campos electromagnéticos en relación con los seres vivos, normalmente pensamos en campos externos (por ejemplo, un teléfono móvil, un horno microondas o una estación transformadora de alta tensión) y en su repercusión sobre la salud humana. ¿Son realmente nocivos? ¿Tanto como insinúan algunas voces? ¿O no lo son, como repiten otras voces incansablemente? Antes de dar respuesta a ello, hemos de tener en cuenta un detalle que muchas investigaciones obvian: los seres vivos no son simples elementos pasivos, receptores de energía. Somos también emisores.

En general, se considera que la electricidad biológica procede de la diferencia de concentraciones de los iones existentes entre el interior y el exterior de la célula. Ello provoca el establecimiento del llamado potencial transmembrana, un voltaje entre la cara interna y la externa de una membrana citoplasmática. La electricidad celular se reserva a los movimientos iónicos y, como mucho, a la respiración celular, en la que se intercambian electrones para poder fabricar las moléculas de ATP que son la fuente energética de las células. Pero no solo eso, como veremos más adelante.

Las células tienen sus propios campos electromagnéticos, campos que llamaríamos endógenos (de generación interna). Muchas veces (como por ejemplo en el caso de los estudios de los posibles efectos nocivos de la telefonía móvil) se estudia solo el efecto térmico que se induce en los tejidos (a través del parámetro denominado SAR, que es el que está legislado). A pesar de ello, cada vez más científicos están publicando artículos en los que se estudian los efectos de las interacciones electromagnéticas en los procesos celulares. Corrientes muy pequeñas puede que no lleguen a producir calor, pero sí ser los detonantes de cambios en cuanto a la regulación celular, cambios que van a dar lugar a respuestas fisiológicas.

BIOCAMPOS

La idea de la bioelectricidad y el bioelectromagnetismo como campos electromagnéticos generados por los seres vivos hace tiempo que es materia de investigación científica. Entre los científicos pioneros en el tema está Luigi Galvani, que en 1773 impartió una conferencia sobre la contracción de los músculos de la rana y fue el primero en postular que si la electricidad afectaba a los nervios era porque también circula por ellos. Sin embargo, otro eminente científico de la época, Alessandro Volta, interpretó las observaciones de otra manera. Aprovecho para hacer un inciso sobre el tema de las interpretaciones. Ya lo hemos visto en el ejemplo de la pecera de Bohm: la ciencia trata de observar y sacar conclusiones de lo que observa. Pero esas conclusiones pueden ser totalmente erróneas. Basta recordar la caricatura que de ello hace el cuento de la araña. En resumen dice lo siguiente: un investigador estudiaba cómo una araña obedece las órdenes. Le dice: «Araña, ven», y la araña acude. Le arranca una pata y le dice: «Araña, ven», y la araña acude. Y así sucesivamente le va arrancando todas las patas, y cuando ya no le queda ninguna y le dice: «Araña, ven», la araña no acude. Conclusión: «Cuando a una araña le arrancas todas las patas, se vuelve sorda».

Obviamente esta historia no es más que una caricatura, pero muchas veces nuestros sistemas de creencias nos llevan a hacer interpretaciones absurdas de la realidad, basadas en lo que esperamos, no en lo que vemos. Así le sucedió a Alessandro Volta, que solo pudo ver a través de la lente de su espectacular descubrimiento algo que se convertiría en uno de los avances tecnológicos más importantes de la humanidad: la pila. El descrédito de Luigi Galvani hizo que la idea de una electricidad animal, o una *vis vitalis* o fuerza vital de carácter eléctrico, pasara al olvido.

Poco después se empezaron a descubrir los patógenos, surgió la teoría de los microbios, y los avances en bioquímica y en farmacología hicieron que la mayoría de los esfuerzos de investigación se volcaran en esa área del saber. Sin embargo, la pregunta seguía ahí: ¿existe o no un fluido vital, una fuerza vital? O lo que es lo mismo, ¿tiene la vida un soporte «físico» en forma de energía?

Cuando algo es verdad, tarde o temprano resurge. Y la realidad que había encontrado Galvani resurgió cien años después, con el primer registro de la actividad eléctrica del corazón: el electrocardiograma. Aún se tardaría muchos años en llegar a descifrar la información que se halla en esa señal tan familiar y en poder utilizarla para un diagnóstico preciso de una enfermedad, pero los conocimientos crecientes sobre anatomía, fisiología y electricidad dieron lugar a una herramienta muy útil. También se observó que había más medidas eléctricas y magnéticas en el cuerpo humano: en el cerebro, en los músculos, en la retina... en general, en las células que se consideran «electroexcitables».

La (bio)electricidad se puso al servicio de la medicina. Algunas personas intentaron establecer los orígenes de esas señales eléctricas, y básicamente se establecieron los siguientes:

➤ El primer factor que hace que haya electricidad en el cuerpo es, como he dicho anteriormente, la diferencia en la composición del interior y del exterior de la célula. Así como en su interior hay muchos iones de potasio, en su exterior predomina el sodio, y para mantener el equilibrio de la composición intracelular y el volumen de las células hay unas pequeñas bombas que están continuamente extrayendo e introduciendo iones en la célula. Es la base del equilibrio de la célula, y también la base de uno de los tipos de electricidad: la iónica, debida al movimiento de moléculas cargadas, en este caso, positivamente. Todo ello genera que la membrana quede cargada eléctricamente con un potencial nada desdeñable: unos 1.000 V/cm. Cada célula es, en este modelo, como un pequeño condensador cargado.

➤ Algunas células además tienen una capacidad especial de transmitir información a través de impulsos nerviosos: son las células electroexcitables, como las neuronas o las de los músculos. Producen cambios en su membrana que permiten que circule una señal eléctrica que solo tiene dos posibles estados: encendido o apagado. Estas células pueden recibir estímulos lo suficientemente grandes como para producir el llamado potencial de acción, una señal que se irá transmitiendo a lo largo de la propia célula y se comunicará a las células correspondientes, y que es la base del funcionamiento de la actividad nerviosa y muscular. Si el estímulo no es suficiente, no se producirá la despolarización de la membrana, y en un breve espacio de tiempo recuperará su estado de reposo.

La mayoría de los temarios de bioelectricidad y bioelectromagnetismo se basan solo en estas dos explicaciones principales y en los modelos teóricos que se han desarrollado para ofrecer explicaciones y efectuar predicciones. Sin embargo, hay mucho más.

La idea de que la bioelectricidad es solo una consecuencia de un proceso metabólico celular basado en el intercambio de iones plantea muchos interrogantes. Se sabe que las corrientes eléctricas son útiles para procesos de reparación celular, por ejemplo, para soldar fracturas óseas o promover la regeneración de tejidos lesionados. Eso no se puede justificar a partir de un modelo bioeléctrico como el planteado anteriormente. Por eso, aunque de forma minoritaria, sin hacer ruido y de tal manera que muchos científicos desconocen totalmente esta información, se fue gestando la idea de una nueva manera de concebir al hombre, algo que con el nuevo paradigma energético cobra fuerza y coherencia. Poco a poco nace la medicina energética, es decir, el planteamiento del ser humano como una entidad electromagnética, y, a la vez, el uso de técnicas energéticas (tanto generadas por dispositivos electrónicos como producidas por los seres humanos) para el análisis del estado de salud de las personas y el alivio o la curación de determinadas dolencias.

El descubrimiento de las radiaciones endógenas tiene varios hitos importantes, que han dado lugar a líneas de investigación diferentes. Uno de los primeros descubrimientos fue el que hizo Ferdinand Scheminzky, quien en 1916 advirtió que las células de levaduras emitían luz. Poco después, Alexander Gurwitsch descubrió que las células de raíces de cebollas que estaban en proceso de mitosis (división celular) eran capaces de estimular la división en otras células vecinas. Se dio cuenta de que esta radiación (detectable como luz ultravioleta) no era solo la consecuencia de la división, sino la señalización para que la división celular se pudiera llevar a cabo. Lo denominó «radiación mitogenética».

El estudio de estas radiaciones se ha mantenido constante a lo largo de los años, a pesar de tratarse de un tema de investigación muy minoritario. Vlail Kaznacheyev, por ejemplo, explicó en 1976 que las células son capaces de comunicarse a través de este tipo de radiaciones, e incluso que si un cultivo celular está expuesto a un estímulo letal es capaz de transmitir esa información y producir efectos semejantes en otro cultivo celular, siempre que la comunicación por ultravioleta no se vea interrumpida (por la presencia de un cristal de vidrio, por ejemplo). J. Slawinski fue un paso más allá y en 2005 publicó que cuando las células se están muriendo emiten un tipo de radiación especial llamada «el *flash* de la muerte». Todas estas radiaciones fueron englobadas por

Fritz-Albert Popp bajo el nombre de biofotones, y han dado lugar a una vasta línea de investigación con prometedoras aplicaciones terapéuticas y de diagnóstico. En el capítulo «La luz que emitimos» explico más detalladamente este punto.

Otro de los descubrimientos importantes fue el de las llamadas corrientes de lesión. Cuando se rompe la integridad de un tejido vivo, como a raíz de una amputación o de cualquier otra lesión, se generan corrientes eléctricas en las proximidades de la zona afectada. Robert O. Becker, en su impecable trabajo sobre este tipo de electricidad y su relación con la regeneración, demostró que cuando esta corriente invierte su polaridad se puede producir la regeneración, porque la señal de curación predomina sobre la de lesión. Eso implica a su vez que existe en los seres vivos algún proceso complejo basado en la electricidad: señales de que hay un problema y señales de cómo repararlo. Anteriormente, Elmer J. Lund había demostrado que las plantas tienen un campo dipolar endógeno muy bien definido, como una plantilla de la distribución de los potenciales eléctricos, relacionado con la morfología de la planta.

Nicola Pohl reforzó estos descubrimientos observando el mismo dipolo en las células vivas cultivadas, de modo que la hipótesis de una organización celular basada en la electricidad dejó de ser una falacia. La potencial relación entre la enfermedad y la electricidad endógena fue estudiada por Harold S. Burr en la Universidad de Yale. Sus hallazgos muestran la conexión existente entre varias patologías y los potenciales eléctricos superficiales de los órganos. Estas correlaciones se generalizaron en una especie de plantilla para la salud (el *L-field* o campo de la vida) basada en la distribución espacial del voltaje. Pero sus estudios fueron mayoritariamente ignorados.

El hueso demostró tener propiedades piezoeléctricas, es decir, la capacidad de transformar el estímulo de un estrés mecánico en una diferencia de potencial eléctrica. Eiichi Fukada e Iwao Yasuda averiguaron que esta propiedad resulta de la composición basada en el colágeno, y que por tanto no sería exclusiva del hueso sino algo fundamental en la mayoría de las estructuras biológicas, puesto que el colágeno es una proteína que se encuentra en todo el cuerpo (constituye el veinticinco por ciento de la masa total de las proteínas en los mamíferos) y es la base principal de tejidos como la piel o el hueso, así como de la matriz extracelular (es decir, de todo el tejido que mantiene a las células unidas y en su sitio).

Las medidas de la piezoelectricidad en huesos sanos permitió demostrar que los esfuerzos diarios como caminar o sostenerse permiten, al transmitirse a células indiferenciadas, que se lleve a cabo la conocida remodelación ósea, que hace del hueso una estructura dinámica capaz de adaptarse a las necesidades de cada cuerpo. Eso lleva a una pregunta inherente: si el crecimiento y la remodelación ósea son resultado de la electricidad, ¿por qué no usar la electricidad para reparar y hacer crecer el hueso? Yasuda descubrió que oponiendo pequeñas corrientes continuas aplicadas en el hueso se formaba callo óseo, incluso en ausencia de fractura. También Duncan Bassett demostró que estas corrientes eran igualmente eficaces si se aplicaban inducidas por campos pulsantes generados por imanes cerca de la lesión, de modo que no se tuvieran que implantar electrodos directamente sobre el hueso.

Pero esto no parecía que tuviese que limitarse al hueso. Había una idea persistente tras el concepto de los campos de la vida de Lund y Burr: que pequeñas corrientes pueden mimetizarse u oponerse a los campos endógenos. Si el crecimiento de los sistemas vivos es organizado por corrientes endógenas, ¿por qué no usarlas externas si se necesita producir los mismos efectos? Becker demostró que, si se aplicaban de forma conveniente, corrientes externas eran capaces de producir incluso la regeneración de los miembros en ratas, fenómeno que hasta el día de hoy no se ha continuado investigando.

Lo que sí está mucho más extendido es el uso de la electroterapia. Diferentes tipos de afecciones pueden tener tratamiento eléctrico. De forma común se utilizan los campos electromagnéticos para patologías relacionadas con el sistema musculoesquelético (roturas de hueso, contracturas musculares, problemas en ligamentos, etc.), y de forma menos habitual para conseguir efectos a nivel neurológico (estimulación transcraneal, etc.); incluso se usan para la relajación.

Junto a las posibilidades de la electroterapia surgieron también los riesgos de la electropolución. Cada vez sometidos a más estímulos electromagnéticos, aún se sabe poco sobre los efectos que tienen en la salud de las personas. Ni tampoco se sabe exactamente qué hacer con aquellos a quienes los campos electromagnéticos externos les perturban seriamente la salud y la calidad de vida (las personas electrosensibles).

Por tanto, los últimos setenta años han mostrado que los seres vivos presentan características eléctricas endógenas, y también que se producen efectos biológicos tras la exposición a los campos electromagnéticos.

Una forma de explicar estos resultados es invocar a una especie de campo electromagnético para los seres vivos, un campo que sirve para una función biológica específica. Es posible vincular a los seres vivos de forma unívoca con el electromagnetismo. Este vínculo se basa en leyes físicas. Los campos electromagnéticos se definen respecto a lo que se llama densidad de cargas y densidad de corriente. Todos los seres vivos tienen ambas, lo que asegura que todos presentan, por definición, un campo electromagnético asociado. Pero hay más. Las fuentes de cargas y corrientes en los seres vivos son características: están organizadas de modo que la selección natural les permite sobrevivir. Con la muerte, este campo electromagnético no es viable. Por eso se puede llegar a decir que la vida es una expresión de este campo electromagnético.

Una interesante consecuencia de lo comentado es que, en principio, es posible formular un campo electromagnético específico que en esencia represente un organismo específico. No se trata tanto de fijarse en cada uno de los componentes del cuerpo como de hacerlo en el cuerpo en general. Este es el punto importante. Podemos empezar a pensar en el organismo como en una unidad, no como en un conjunto de partes, y analizar su funcionamiento como si se tratara de una caja negra en cuyo interior no sabemos qué hay, pero de la que podemos obtener globalmente una información muy importante. El cuerpo dejaría el protagonismo al campo. Este campo no es que esté solamente asociado a los sistemas vivos, sino que en sí mismo es la representación biológica última de los sistemas.

Durante siglos, los biólogos han descrito cada organismo en función de sus características, normalmente las visibles: el tamaño y la forma, la ubicación de los ojos, el color de las flores, los componentes internos y otra miríada de aspectos que permiten diferenciar de una manera precisa un organismo de otras especies y de otros miembros de la misma especie. El descubrimiento del ADN y del ARN se usó para explicar estas características en el sentido de que hay (al menos) una correspondencia entre las características específicas y uno o varios elementos del genoma. Para cada característica visible que uno pueda pensar, en principio tiene que haber un elemento correspondiente al genoma que lleva esta información específica. Sin embargo, describir algo por su aspecto exterior tiene puntos débiles. En la ciencia no se permiten descripciones que puedan ser subjetivas. Los físicos, probablemente porque tuvieron que lidiar con entidades que no se ven, desarrollaron técnicas matemáticas, y los resultados fueron espectaculares.

Así que cuando postulamos la existencia de un campo electromagnético que diferencie cada uno de los organismos, estamos diciendo que esta representación tiene que ser matemática y no visual.

Richard Liboff describe matemáticamente este campo de tal modo que crece a medida que nos desarrollamos y envejecemos. Es producto de la evolución, y nos relaciona a cada uno con nuestra especie y con todo lo que nos ha precedido. Además, refleja los cambios en el desarrollo embrionario y la manera en la que nos desarrollamos hacia la madurez después del nacimiento. También refleja los cambios traumáticos asociados a las heridas. Estos cambios en los campos no solo muestran las transformaciones en la densidad, sino también en la plantilla para la restauración del sistema a su estado normal.

Los seres vivos pueden considerarse, pues, expresiones de campos electromagnéticos. Lo interesante de esta afirmación es que si la admitimos estamos admitiendo también que el funcionamiento fisiológico de la persona (y del resto de los seres vivos) está vinculado a esta estructura electromagnética, y que si nos encontramos en medio de otros campos externos, naturales o artificiales, nuestro estado de salud va a cambiar. Por supuesto, los cambios pueden ser beneficiosos, de forma que nuestra salud mejore, o perjudiciales, por lo que nos llevarían a un peligroso desequilibrio. Es decir, a través de esta forma de describir la salud también estamos asumiendo los problemas de la contaminación electromagnética y de la electrosensibilidad (y poniendo las bases para encontrar su solución). Es lógico pensar que la aplicación de los campos externos puede «no sentar bien» a determinados organismos.

MEDICINA ENERGÉTICA

Comentaba anteriormente que, a pesar de que las interpretaciones de la mecánica cuántica (y la posterior teoría de cuerdas) llevan casi cien años discutiéndose, todavía no han calado no solo en la sociedad en general, sino ni tan siquiera en la manera de hacer ciencia. El paradigma dominante sigue siendo el mecanicista: el cuerpo es un gran mecanismo, de modo que si tiene alguna pieza que falla, puedo sustituirla por otra (que incluso puede ser artificial). Si un proceso no funciona, puedo añadir un químico que restaure esa función. De esta manera, la cirugía y la farmacología son la clave del mantenimiento de la salud o, mejor dicho, de la lucha contra la enfermedad. Aquí es donde estamos planteando un cambio de percepción. El nuevo entendimiento del ser humano pasa por la comprensión de que es una entidad energética de tipo holográfico, en la que no existe separación entre órganos y entre sistemas, en la que hay un campo (sin límites) que se autorregula en conjunto. En este conjunto, en cada parte está la información del todo, y, por tanto, cualquier actuación que tenga lugar sobre una parte tiene una repercusión en el todo.

Un planteamiento de este tipo no puede basarse en el paradigma newtoniano, sino que tiene que apoyarse en otras teorías, por ejemplo, en la teoría cuántica.

La interpretación de Copenhague es solo una de las posibles interpretaciones de la física cuántica —tal vez la más conocida—. En ella se afirman muchas cosas, como por ejemplo el principio de incertidumbre (que asegura que si se conoce la posición de una partícula no se puede conocer su momento lineal, o cantidad de movimiento, y por lo tanto su velocidad). El tiempo afecta de un modo diferente en el pasado (determinado) y en el futuro (incierto). El principio de complementariedad (onda-partícula) nos muestra una realidad que en sí misma es dual, sin que esa dualidad sea excluyente: es ambas cosas a la vez. Y aparece algo desconocido hasta el momento: el observador, aquel que realiza las mediciones, está siempre afectando los resultados, porque es inseparable de la realidad.

¿Por qué es tan importante esto, aunque casi cien años después todavía no hemos asumido esta nueva visión? Porque se trata de un cambio de paradigma. Significa que las observaciones que hemos hecho hasta ahora estaban influenciadas por algo que no hemos tenido en cuenta: nosotros mismos. Significa que hemos estado intentando sacar conclusiones de unas observaciones que no eran consecuencia de la causa que pensábamos. David Bohm lo explica muy bien: imagínate que estás en la orilla de una playa y ves dos estacas de madera verticales, una un poco más adelantada respecto al agua que la otra. Viene una ola y derriba la primera madera y un momento después, la segunda. Un observador que mire únicamente las dos maderas puede pensar que la caída de una es la causa de la caída de la segunda. Pero eso es solo la apariencia; el observador no se habrá dado cuenta de que estaba el mar, que era la causa real de la caída de ambas, y de que la caída de la segunda tiene la misma causa que la de la primera: el factor que no ha tenido en cuenta porque no podía verlo.

El concepto de holograma, de campo de energía, del ser humano como patrón de interferencia… está proporcionando nuevos entendimientos de la realidad, pero no es fácil aplicar estas comprensiones. Ni siquiera los científicos las podemos aplicar todavía al método científico, porque no sabemos cómo hacerlo. Por tanto, decimos que esto solo es válido para la materia inanimada, para lo infinitamente pequeño, como si nosotros no estuviéramos hechos de esa misma materia. Descartamos lo que no podemos entender, como muchos físicos han hecho con el campo punto cero y con las ondas escalares. Lo dejamos a un lado, porque nos genera más conflicto que soluciones nos aporta.

Pero vamos a intentar continuar con el trabajo de quienes han empezado a considerar la vida y el ser humano desde una perspectiva energética.

La medicina energética trata de todo lo que se relaciona con la valoración del llamado biocampo (*biofield* en inglés) y con la aplicación de técnicas terapéuticas energéticas para conseguir un equilibrio global de la persona. Este concepto es lejano todavía a la concepción occidental, pero no a la oriental. En la India y China nos llevan miles de años de ventaja en la aplicación de técnicas que buscan la recuperación del equilibrio total de la persona (lo que en Occidente llamamos tratamientos holísticos). Sin embargo, desde nuestro método científico, poco a poco estamos avanzando en esta dirección.

La ciencia en Occidente se ha ido especializando hasta límites absolutamente insospechados, por no decir grotescos. Pero llegados al extremo de la especialización, el único camino que nos queda ahora es el de colaborar, cooperar, integrar los diferentes bagajes culturales. Nacen así los equipos interdisciplinares y los estudios disciplinares. Uno de ellos es la ingeniería biomédica, por ejemplo, que trata de la frontera entre la medicina y la ingeniería, y que por ello tiene en el mismo equipo a médicos, biólogos, ingenieros, físicos, informáticos...

Eso no es algo nuevo. La medicina nació como un arte, el arte de observar a la persona, de estudiarla, preguntarle y entender (hasta donde se podía) qué le ocurría. Con todo eso se le proponía un tratamiento basado en múltiples aspectos, tanto hierbas como gestos, oraciones o incluso viajes. En su historia, la medicina ha ido coqueteando con muchas ciencias, y el resultado siempre ha sido el avance. Cuando en determinado momento empezó a relacionarse con la óptica, el microscopio permitió ver más allá de donde llegaba el ojo, y pasó de poder observar el cuerpo desde fuera como una unidad a observar el mundo celular y subcelular, a descubrir que son las mitocondrias las que generan la energía a nivel celular, y a describir cómo son las células sanguíneas y cuántas es normal que tengamos. Cuanto más se investiga, más estructuras se encuentran. Y también se descubrió algo muy importante: determinados organismos unicelulares calificados como patógenos. Ahí se tomó conciencia de un nuevo enemigo del hombre. Esto puede parecer algo anecdótico, pero realmente marcó un antes y un después en la filosofía y la práctica de la medicina. El concepto de patógeno lleva a pensar que la enfermedad es causada por algo que está «fuera» del propio cuerpo y, por tanto, que hay que «luchar contra ello». Esto está muy lejos del planteamiento oriental de mantener la salud.

En su flirteo con la química nació la farmacología, y toda la aproximación que antes se había hecho a través de plantas naturales pasó a analizarse en sus compuestos y a reproducirse en laboratorio. Eso probablemente permitió que los compuestos químicos estuvieran al alcance de más personas, y también que creyéramos que un medicamento de síntesis funcionaría igual que una planta (ahora sabemos que esto no es así).

La física tuvo también su papel, en varias facetas.

La radiofísica permitió ver el cuerpo por dentro sin tener que abrirlo, y el perfeccionamiento de estas técnicas nos ha dado una precisión en esa visión que roza lo inaudito: una resolución y unas posibilidades inconcebibles (como la resonancia magnética funcional, por ejemplo).

Por su parte, la electricidad nos aportó una visión diferente de los órganos. Empezaron a darse cuenta de que además de química y biología también existe electricidad en el cuerpo. Y así un largo etcétera.

Las tecnologías evolucionan; cada vez se hacen más precisas, más pequeñas, más poderosas... Y, de ese modo, nuestra medicina está llena de enemigos y de fármacos, de imágenes, análisis y mediciones, pero aun así seguimos sin saber qué es la vida y cómo preservarla. Sin embargo, en toda colaboración aparecen siempre opciones muy interesantes.

Veamos un ejemplo: podemos medir la actividad eléctrica del corazón sin necesidad de aplicar a este órgano unos electrodos. Basta con ponerlos sobre la piel, incluso en cualquier parte del cuerpo, y tendremos una medida de su señal eléctrica. Y aquí empiezan a suceder también hechos insólitos. En esos equipos interdisciplinares pueden ocurrir cosas como la siguiente: durante casi cien años el electrocardiograma (ECG) se ha utilizado para saber si el corazón está funcionando bien o no, y si es así, qué parte está fallando. Aun antes de que se conociera con exactitud la relación entre cada pico o segmento del ECG y el evento fisiológico relacionado, se sabía que el pico debía tener una altura determinada y sobre todo un determinado sentido (hacia arriba o hacia abajo en el diagrama) para indicar una condición saludable. Es decir, se tenía una pauta (estadística) obtenida por la experiencia de lo que se consideraba que era normal. Pero un día alguien pensó: «¿Y si me olvido de que el corazón es una bomba de sangre que late y tiene determinadas presiones y volúmenes, ritmos y señales, y lo considero solo como una "caja negra" y le aplico las técnicas de la ingeniería de telecomunicaciones?». Se empleó el análisis de Fourier para calcular la densidad espectral de potencia (una técnica que permite ver cuáles son las frecuencias electromagnéticas dominantes), y descubrieron que se podía distinguir entre distintas emociones a través de este espectro: una emoción de agradecimiento da una señal con un pico en una determinada frecuencia, mientras que la emoción de la rabia da una señal mucho más incoherente y dispersa a lo largo del espectro (como ha mostrado el Instituto HeartMath). Sin haberse producido todavía un cambio total de escenario, el caso resulta interesante: tomo un órgano humano, le aplico una técnica de ingeniería y obtengo un resultado sobre las emociones.

Una de las dificultades añadidas que tenemos en este ámbito es la propia palabra «energía». Cuando hablamos de campo energético, nos estamos refiriendo a algo que puede tener manifestaciones eléctricas, magnéticas, electromagnéticas, térmicas, químicas y de otros tipos no convencionales (como las ondas escalares). Desde la ciencia y con herramientas físicas solo podemos medir magnitudes físicas. Es decir, puedo medir el calor que emite un ser humano (que mantiene una temperatura fija de 37 °C), puedo medir emisiones electromagnéticas, etcétera. Y todo ello irá configurando un campo energético, que siempre irá más allá de mis mediciones, porque tiene otros componentes que hasta el momento no es posible medir con los instrumentos normales. Cuando Wilhelm Reich postuló su teoría del orgón modificó un contador Geiger-Müller, que habitualmente se utiliza para medir la radioactividad, para dar una estimación de esa energía. Pero no hay un dispositivo comercial que haya permitido continuar investigando, y apenas nos quedan los registros de su investigación (y ya sabemos que en ciencia una de las cosas más importantes no es solo descubrir algo, sino que ese algo se pueda obtener en otros laboratorios siguiendo el mismo protocolo, es decir, que sea reproducible y repetible). Nikola Tesla hablaba de las ondas longitudinales (escalares), pero no disponemos de la tecnología adecuada para medirlas. Por lo tanto, las descartamos del panorama de la investigación.

Las posibilidades que tenemos actualmente son inmensas, precisamente porque contamos con muchas técnicas desarrolladas que nos permiten aplicarlas en sentidos convencionales o no, ya que los conocimientos que se poseen en diferentes ámbitos son muy grandes. Solo hace falta que nos sentemos a unir esos conocimientos, como en un gran puzle. Porque ya hay mucho escrito. Porque los que nos consideramos científicos actualmente somos como enanos a hombros de gigantes. Me gustaría comentar ahora algunos de los logros de esos (a mi modo de ver) gigantes.

LA CLAVE DE LAS PROTEÍNAS

lbert Szent-Györgyi fue un fisiólogo húngaro que obtuvo el Premio Nobel en 1937 por sus trabajos en la síntesis de la vitamina C. Si realizamos una búsqueda superficial, la mayoría de las fuentes comentan sus descubrimientos en cuanto a la síntesis de la citada vitamina y su utilización para enfermedades como el escorbuto, así como sus escarceos políticos y sus problemas con Hitler. Sin embargo, lo que casi ninguna fuente cita es que este prominente científico cambió el foco de atención de sus investigaciones hacia la parte energética motivado por la pérdida de su mujer y su única hija a causa del cáncer, lo que le llevó a buscar una cura para esta enfermedad que se le había llevado lo más querido. Se dio cuenta de que había algo que la comunidad científica había ignorado reiteradamente, y que este eslabón perdido impedía el entendimiento y el tratamiento tanto del cáncer como de las enfermedades cardiovasculares: la energía.

Explicó que la electricidad basada en los intercambios iónicos y las reacciones químicas no puede explicar la velocidad y la sutileza de los procesos vitales, y que además de la electricidad debida al movimiento de iones (que es la única que se había tenido en cuenta hasta el momento a nivel fisiológico) existía otra fuente de electricidad. Empezó a buscar en las estructuras vitales; se fijó en los electrones, protones y campos de energía y, sobre todo, en aquello que los bioquímicos habían descartado rutinariamente mientras estudiaban los procesos vitales desde el paradigma clásico. No era algo nuevo; hacía muchos años que se intentaba encontrar los mecanismos de intercambio de cargas (no electrolíticos) en los sistemas biológicos. La gran aportación de Szent-Györgyi en este sentido fue la propuesta de que las proteínas son semiconductoras y, por tanto, capaces de transferir rápidamente electrones libres de un lugar a otro del organismo.

Este científico señaló que cuando un número grande de átomos se organizan en forma regular y con gran proximidad, como por ejemplo en una red cristalina, los electrones de valencia simple se unen en bandas comunes, de modo que estos electrones dejan de pertenecer a solo dos átomos (los implicados en el enlace) y empiezan a pertenecer al sistema completo. De esta manera, se produce una unión entre un gran número de moléculas, que forman un continuo de energía capaz de viajar a cierta distancia. A pesar de que su premisa no fue muy bien aceptada, los descubrimientos posteriores han demostrado que es cierta. Actualmente se acepta que la mayoría de los componentes del cuerpo humano (si no todos) tienen propiedades semiconductoras.

Szent-Györgyi continuó explorando la conducción electrónica y la transferencia de carga desde el punto de vista de la teoría cuántica. Primero investigó focalizado en el cáncer, junto con su asociado Ronald Pethig. Sus descubrimientos han permitido el desarrollo de dispositivos electrónicos de tamaño nanométrico basados en semiconductores biomoleculares, es decir, construir los mismos chips que forman los ordenadores a partir de moléculas. Pero más allá de ello, el concepto de que los cuerpos vivos se comporten como semiconductores trae consecuencias interesantes en sí mismo: las moléculas no se tienen que tocar para interactuar (algo imprescindible en un enfoque bioquímico). Según sus palabras, «la energía puede fluir a través de un campo electromagnético. Este campo, junto con el agua, constituiría la base de la vida. El agua puede formar estructuras que transmitan energía». Al hablar del agua, se refiere a las capas que están directamente asociadas a la superficie de las proteínas y del ADN. Esta agua es esencial para el correcto funcionamiento de las células. Ahora se sabe además que el agua se organiza en relación con el colágeno, la principal proteína formada en el tejido conectivo. Cada fibra de la matriz extracelular, así como del citoesqueleto, está rodeada por una capa de agua organizada que sirve de canal de comunicación y flujo de energía. Mientras que los electrones pueden fluir por el esqueleto de proteínas, los protones se transmiten por el agua.

Por tanto, este primer aporte nos dice que la base de la bioelectricidad y el bioelectromagnetismo no solo debe tener en cuenta la electricidad generada por los iones, sino que los seres vivos son en realidad como circuitos de semiconductores que tienen un tipo de conducción electrónica cuya base física son las proteínas, uno de los ladrillos básicos de la biología.

LOS CAMPOS DE LA VIDA

Harold Saxton Burr fue investigador en la Universidad de Yale en el campo de la bioelectricidad. Propuso, en 1935, la teoría electrodinámica de la vida. Investigaba la proliferación neurocelular y las meninges de una especie de salamandra cuando descubrió que podía medir potenciales eléctricos en la superficie del animal, y que estas medidas cambiaban según el proceso vital que estuviera experimentando el anfibio, de modo que reflejaban los procesos de desarrollo embrionario, regeneración, crecimiento, desarrollo, etcétera. Acuñó el término *L-field* para referirse al campo bioeléctrico de los seres vivos. Su aportación más importante fue descubrir que ese campo de energía, ese patrón eléctrico en forma de potencial, no es el resultado de determinados procesos metabólicos, como hasta el momento se había supuesto, sino su causa. El desarrollo embrionario se produce porque hay un determinado «diseño» de potenciales eléctricos. Si este patrón cambia, el desarrollo no es posible en los mismos términos. Sus últimos estudios también mostraban cómo los árboles son capaces de responder eléctricamente a los ciclos diurnos, lunares y anuales, y a los cambios eléctricos producidos durante la ovulación de las hembras, lo que ha llevado al desarrollo de dispositivos indicadores de fertilidad. Los mapas de los potenciales eléctricos indican una polaridad entre el eje de la columna vertebral (positivo) y las extremidades (negativo).

Su trabajo fue recogido y ampliado por otro excelente científico: Robert O. Becker.

EL «OTRO» SISTEMA NERVIOSO

Robert O. Becker nos ofrece un excelente relato de los descubrimientos relacionados con la electricidad en el cuerpo en su apasionante libro *The Body Electric* (El cuerpo eléctrico). Además de la brillante síntesis que hace de los trabajos previos, su aportación resulta valiosísima para la sociedad. Investigó profundamente la existencia de las llamadas corrientes de lesión –corrientes continuas de electricidad que se producen en las heridas y que en determinadas circunstancias permiten la regeneración (total o parcial) de un órgano o extremidad–. Sus estudios se basaron principalmente en las salamandras, que a pesar de su complejidad biológica (tienen una estructura esquelética y fisiológica similar a la nuestra) poseen la capacidad de regeneración de sus extremidades (patas, cola) así como de órganos (ojos, corazón). Las investigaciones fueron sistemáticas, así como los resultados obtenidos. Incluso llegó a utilizar sus conclusiones en mamíferos, y obtuvo regeneraciones parciales de las patas.

Sus resultados eran una gran promesa para la posibilidad de regeneración en lesiones tan graves como la sección medular, tanto que resulta difícil de entender por qué sistemáticamente le negaban la financiación de sus proyectos. Becker muestra cómo las corrientes de lesión se basan en la semiconducción, y postula la existencia de un sistema nervioso «alternativo» al conocido actualmente.

El sistema nervioso que se estudia habitualmente en las universidades se basa en la conducción de las comentadas señales eléctricas (potenciales de acción) a lo largo de las neuronas, de modo que se produce una transmisión de información de forma «digital» (en el sentido de que hay dos posiciones, «activado» o «desactivado»), con señales eléctricas relativamente intensas. La teoría de Becker es que además existe otro sistema de transmisión de señales electromagnéticas de forma continua (DC), que va no por las neuronas sino por las células que las rodean como una protección (las células de Schwann). Es el llamado sistema perineural, al cual corresponden las corrientes de lesión y que controla los mecanismos de reparación. Se trata de un tipo de electricidad que es sensible a los campos magnéticos. Becker demostró que modificando esta corriente se pueden inducir, aumentar o frenar las señalizaciones que llevan a la regeneración de las células en caso de lesión, herida, amputación, etcétera. En sus estudios con sujetos anestesiados llegó a la conclusión de que los campos eléctricos están relacionados con la conciencia, puesto que son eliminados de forma reversible por la anestesia y porque, además, cuando cesa este campo, se pierde la conciencia. También los huesos mostraron su componente semiconductor —el colágeno era un semiconductor de tipo N, y la fase de apatita de tipo P, es decir, el hueso se comporta como un diodo rectificador de la corriente.

Sus estudios fueron la base en la que después se cimentó el uso de las «corrientes» tanto para ayudar a soldar huesos con fracturas complicadas como para mejorar otros tipos de tejidos (como el conectivo o el muscular). Sin embargo, sus teorías no fueron entendidas en profundidad, sino aplicadas «a la brava», desde un viejo paradigma que sigue pensando en compartimentar el cuerpo y en utilizar la electricidad como se emplea un fármaco. La electricidad se puede aplicar de tres maneras:

> Por medio de campos de intensidad fisiológica, es decir, con valores de campo eléctrico y magnético similares a los valores fisiológicos, para recrear o sustituir campos internos, como podría hacer un marcapasos.

> Por medio de campos de intensidad grande (disruptivos): valores mucho más altos que los fisiológicos producirán reacciones de estrés (como en el caso del *electroshock*) o campos de intensidad muy alta (por ejemplo, al utilizar un imán de 5.000 gauss, cuando el valor fisiológico es de 0,5 gauss).

> Por medio de campos sutiles, que actuarían no como «sustitución» de los campos sino como una señalización, induciendo procesos que no se producen como consecuencia directa de la electricidad sino de la señal que esa electricidad produce y de la respuesta celular asociada.

Por desgracia, la mayoría de los dispositivos todavía trabajan con campos demasiado grandes, que provocan respuestas en el cuerpo basadas en la reacción al estrés.

COHERENCIA BIOLÓGICA

Es evidente que los organismos vivos tienen un funcionamiento totalmente organizado y sincronizado, altamente eficaz, con niveles de comunicación que no hemos sido capaces todavía de explicar biológicamente. La primera persona en aplicar el concepto de coherencia a un contexto biológico fue Herbert Fröhlich (1905-1991), físico inglés de la Universidad de Liverpool que recibió la prestigiosa medalla Max Planck, además del Premio Nobel en 1950. Fue uno de los primeros en proponer que existe una vibración colectiva que es responsable de hacer que haya una sincronización en el funcionamiento del cuerpo a nivel bioquímico: las proteínas colaboran unas con otras y llevan a cabo las instrucciones del ADN y de las proteínas celulares. «En conclusión, las células emiten campos electromagnéticos, y me parece que se comunican entre ellas mediante ondas electromagnéticas», afirmó Fröhlich.

Esta aseveración no solo indica que existe una electricidad a causa de una diferencia de iones, sino también que la electricidad es un sistema en el que las células se comunican a nivel interno (para llevar a cabo las instrucciones) y entre las propias células. Además, esta vibración tiene una característica que la hace particular: cuando la energía alcanza cierto umbral, las moléculas empiezan a vibrar al unísono, hasta alcanzar cierto nivel de coherencia. Llegadas a este punto, adquieren cualidades de la mecánica cuántica, como la no localización, y se comportan como una sola supermolécula, estableciendo un patrón energético coherente y único.

Sin embargo, en ese momento no era posible continuar investigando experimentalmente sobre ello, puesto que no había detectores lo bastante sensibles. Ese ha sido uno de los principales problemas en la investigación de los campos energéticos. La instrumentación electrónica no puede establecer una separación entre la señal biológica, que siempre es de muy baja intensidad, y el ruido ambiental. Estamos inmersos en un entorno electromagnéticamente muy rico (o contaminado, según como se mire). Los hallazgos de Fröhlich coincidieron con la época del descubrimiento de las hormonas y con el nacimiento de la bioquímica, con lo que los esfuerzos de investigación de nuevo se desviaron al paradigma mecanicista.

LA IMPORTANCIA DEL AGUA

Si hay un científico que ha aportado un conocimiento realmente especial sobre el agua, ese es Jacques Benveniste, médico, bioquímico e inmunólogo francés. Su nombre tenía un cierto prestigio porque había aislado una hormona de la sangre llamada factor de activación de plaquetas. En 1984 le ocurrió algo que a todos los científicos nos gustaría que nos sucediera alguna vez: a causa de un error de procedimiento obtuvo unos resultados «erróneos» que le llevaron al descubrimiento de algo importante. Sin embargo, esta serendipia, o descubrimiento fortuito, finalmente acabó con su prestigio y con su carrera. ¿Qué podía ser tan importante como para que supusiese la «decapitación» profesional de una persona que había publicado más de doscientos trabajos en prestigiosas revistas? El descubrimiento fue el siguiente: si tomamos una sustancia y la diluimos en agua una y otra vez hasta que ya no quede ninguna molécula química de esa sustancia, el agua sigue conservando la información de esas moléculas, de modo que se obtiene el mismo efecto que si la sustancia estuviera presente físicamente. Es algo así como que si me duele la cabeza y diluyo una aspirina en un vaso de agua, y tomo una cucharadita de esa agua y la diluyo en otro vaso, y eso lo repito (por decir un valor) diez veces, y finalmente me tomo una cucharadita de esa agua, me hace el mismo efecto que si no hubiese procedido a realizar todas esas diluciones. Este planteamiento es un desafío enorme a la mentalidad clásica. Es más, es una (aparente) tontería: si no hay molécula, no hay efecto.

Sin embargo, Benveniste demostró una y otra vez que sí lo hay. Es más, diseñó un dispositivo gracias al cual, a través de una tarjeta de adquisición, era capaz de captar la señal electromagnética que procedía de la molécula original y de las diluciones y ver que se conservaba intacta a través de las sucesivas diluciones (si se seguía un determinado protocolo). Es decir, la molécula tiene una información codificada en forma de onda electromagnética y el agua es capaz de memorizar esa información y transmitirla íntegramente.

Los resultados que obtuvo generaron una gran controversia, y su trabajo fue ridiculizado. Pero resultó ser cierto. Cientos de equipos de investigación han replicado sus experimentos y han obtenido los mismos resultados. Uno de los últimos en sumarse a este carro ha sido Luc Montagnier (premiado con el Nobel en 2008 por el descubrimiento del virus del sida), quien, utilizando los mismos equipos diseñados por Benveniste, ha continuado con sus investigaciones y ha demostrado que el agua es capaz de cambiar la estructura física; se organiza en pequeñas composiciones (de tamaño molecular) que son las que almacenan la información.

El tema de la importancia del agua y los pequeños clústers o agrupaciones que forma es algo reiterado por diferentes científicos. Por ejemplo, el equipo de Giuliano Preparata y Emilio Del Giudice, en su búsqueda de la causa por la cual la materia se mantiene unida, encontró que el agua tiene tendencia a organizarse cuando está en presencia de moléculas con carga eléctrica, y que es capaz de almacenar y transportar su frecuencia. Si se agita el agua (sucusión), se acelera el proceso. Esta podría ser parte de la explicación científica a por qué los productos (o remedios) homeopáticos contienen información a pesar de no incluir ninguna molécula física del principio activo por el cual funcionan.

ELECTROMIOGRAMA Y AURA

Una de las pioneras en medir científicamente el aura (y en no avergonzarse de usar ese nombre) es Valerie Hunt. Es psicóloga y fisióloga de la Universidad de Columbia, especialista en mediciones del campo electromagnético de los músculos, es decir, el llamado electromiograma (EMG). Tuvo la suerte de poder utilizar dispositivos de los que se diseñaron para monitorizar la actividad eléctrica de los astronautas de la NASA. E hizo algo común a los científicos anteriores: no descartar lo que todo el mundo descarta. Se dio cuenta de que en el llamado «ruido» de las mediciones electromagnéticas había una información muy importante. No era ruido; era información, muy pequeñita, pero información.

Después de décadas de análisis (y también porque tenía una mentalidad muy abierta y cotejó sus resultados con otros de las llamadas paraciencias), llegó a la misma conclusión que Robert O. Becker: no hay un único sistema eléctrico en el cuerpo. Existe el sistema nervioso (que tiene la posición de encendido/apagado), pero también hay un sistema electromagnético continuo que emana de átomos y células. Y no le tembló la mano al escribir que ese campo es lo que en otros contextos se llama aura. Este sistema está continuamente absorbiendo y emitiendo energía, y se comunica con el exterior de forma dinámica. Modificó sus dispositivos para poder medir las señales débiles, y estableció una correlación entre sus medidas y los colores del aura que veían los «lectores del aura» que colaboraban con ella.

De este modo, encontró una manera muy precisa de caracterizar a las personas; sus rasgos psicológicos y también su estado de salud. Aseguraba que viendo los registros de actividad de los músculos y analizándolos según su sistema podía ver si había un cáncer y, si era así, si este tenía posibilidades de remitir o no. Habló de que la salud se basa en señales que son coherentes, mientras que señales incoherentes son indicativas de enfermedad, y afecciones como la esclerosis múltiple tienen la característica de que el organismo no es capaz de intercambiar energía con el exterior. También señaló que en ausencia de las radiaciones ambientales (de la Tierra y el Sol), la emisión humana se desorganiza y se vuelve incoherente.

Fascinante. Sin embargo, el problema es el mismo de siempre: si su dispositivo no es comercial (o los precios no son razonables) y es el único que ha obtenido esos resultados, es difícil que su conocimiento prospere y se expanda.

LA IMPORTANCIA DEL ENTORNO

Una de las grandes premisas de la biología se basa en un cierto «determinismo» debido a la información codificada en el ADN. Pero también eso ha sido puesto en entredicho. Bruce H. Lipton es doctor en Biología Celular por la Universidad de Virginia y un prestigioso biólogo molecular de la Universidad de Stanford.

Cuenta en sus libros que estuvo casi veinte años investigando sobre células madre y sobre cómo los genes controlan la vida, y se dio cuenta de que esa premisa que se había aceptado hasta ese momento no era cierta: «La vida de una célula está regida por el entorno físico y energético, y no por sus genes —afirma—. Es la "percepción" del entorno de la célula individual, y no sus genes, lo que pone en marcha el mecanismo de la vida».

Con él la epigenética (la ciencia que estudia la relación entre los genes y el entorno) cobró un nuevo sentido. El descubrimiento del genoma humano hizo creer que todo estaba escrito y determinado, que los genes eran la base sobre la que el cuerpo se desarrollaba y que, de alguna manera, no se podía huir de ellos. Abrir la puerta a la importancia del medio ambiente, del entorno y, sobre todo, de cómo lo percibimos, era abrir la puerta de las terapias alternativas, de la sabiduría espiritual.

Recuerdo que una amiga, hace muchos años, me contó que había ido al médico. Este le preguntó sobre los antecedentes de enfermedades en su familia. Y ella le dijo que era adoptada. Igualmente, el médico tomó nota de los antecedentes presentes en su familia adoptiva. Todas nos reímos: tildamos a aquel médico de ignorante. Pero las ignorantes éramos nosotras. La probabilidad de que un hijo adoptivo «herede» una enfermedad de su familia de adopción es la misma que si el hijo fuera biológico. Los genes son como los planos, y el contratista que los lee, los interpreta y realiza la construcción es... el entorno. A través de las proteínas de la membrana (las mismas que Fröhlich había visto que presentaban determinadas frecuencias propias de vibración) la información se convierte de lenguaje del entorno a lenguaje biológico. De modo que la célula es programable, pero el programador no es el ADN, sino el entorno.

Las implicaciones de este descubrimiento son enormes. No solo porque cambie el conocimiento que hasta el momento se tenía del ADN (también cuando se empezó a investigar sobre los genes se creía que el noventa por ciento del ADN era «basura») sino porque si la biología se establece en función del entorno o, mejor dicho, de cómo cada persona percibe el entorno, eso significa que puedo cambiar mi propia biología de una manera real solo modificando mi percepción del mundo. Es decir, mis creencias establecen mis enfermedades. Y, de la misma manera, un cambio en las creencias puede producir una remisión de las enfermedades. La técnica terapéutica conocida como desprogramación biológica o la conocida como biodescodificación trabajan a partir de estos supuestos.

COMPLETANDO EL
MODELO HUMANO

James L. Oschman es un investigador norteamericano que ha hecho grandes aportaciones al publicar información muy sistematizada sobre el conocimiento de los mecanismos de comunicación energética en los seres vivos y sobre las bases científicas de la medicina energética. Normalmente se le asocia al concepto de *the living matrix*, la matriz viviente. Aunque el concepto no es inicialmente suyo, le ha dado un desarrollo muy importante. La idea es la siguiente: estamos acostumbrados a estudiar el cuerpo diciendo que las moléculas se organizan formando células, que las células a su vez forman órganos, que se conectan con el tejido conjuntivo o conectivo y que en su agrupación forman sistemas. Cuando analizamos una célula, vemos que es una especie de «compartimento» separado del exterior por una membrana, y que en su interior tiene una especie de «gelatina» (el citoplasma) con un núcleo que incluye el contenido genético (ADN). Pero si lo miramos de otro modo, el interior de la célula contiene una estructura, el llamado citoesqueleto. Son los microtúbulos, que están formados por unas proteínas llamadas tubulinas. Mark Bretscher, de la Universidad de Cambridge, descubrió que existen unas proteínas en la membrana de las células (las integrinas) que conectan los microtúbulos del citoesqueleto interior con el exterior de la célula. Estas a su vez están conectadas con la matriz extracelular (es decir, con el material que rodea las células, que básicamente está constituido por colágeno –otra proteína–). Tanto el medio intracelular como el extracelular tienen un contenido muy elevado de agua. Por tanto, todas las células están unidas entre sí a través de un entramado, una matriz que une todos los núcleos, todas las membranas, todos los citoplasmas, permitiendo un sistema de comunicación total y formando un sistema físico continuo que actúa como una unidad. Este sistema incluye el ADN. Recordemos además que las proteínas son semiconductoras; por tanto, la información en forma de cargas eléctricas se puede transmitir con gran eficacia a través de ellas.

En esta matriz, todas las células comparten la información de forma simultánea. Además, esta matriz es capaz de vibrar de forma armónica con armónicos mensurables. Es decir, habla en forma de oscilaciones eléctricas, y la información está codificada en frecuencias. La matriz extracelular es la que conforma básicamente el tejido conectivo; por ello este tejido se convierte en la clave de la intercomunicación. Lo que la matriz extracelular representa a nivel microscópico, a nivel orgánico lo representa el tejido conectivo. Las conclusiones a las que han llegado Donna y Steven Finando son que las fascias están relacionadas con todas las

disfunciones y enfermedades, con la circulación de la sangre
y de la linfa, y que conectan la superficie del cuerpo con las
vísceras y son capaces de reaccionar a estímulos e incluso de
provocar respuestas inmunológicas. Por tanto, en sí mismas
son un sistema regulatorio corporal completo que trabaja en
el anonimato, integrando y coordinando las funciones de todas las partes del cuerpo.

Es el fascinante mundo de las fascias. El tejido conectivo tiene propiedades semiconductoras, así como piezoelectricidad (capacidad de convertir un estímulo mecánico en
electricidad). El tejido conectivo y el entramado intracelular
forman un continuo estructural, funcional y energético. El
sistema conectivo se comporta como un resonador cuántico que conduce señales hacia dentro y hacia fuera del cuerpo. Cualquier presión y cualquier tensión generan corrientes
oscilatorias.

De este modo, ya no tenemos que pensar cómo es posible que una información se traslade instantáneamente a todos los puntos, puesto que ahora ya sabemos que todos los
puntos del organismo están conectados. Podemos entender
el cuerpo no como un conjunto de órganos, sino como una
única matriz viva y dinámica por la que circula la información
libremente. Si me pisan un dedo del pie, todo mi cuerpo lo
sabe y reacciona.

En esta matriz también es importante tener en cuenta el
papel del agua. Cada molécula de colágeno tiene un escudo
de moléculas de agua íntimamente asociado a ella. Las moléculas de colágeno y de agua se organizan de forma cristalina y
tienden a orientarse en los campos electromagnéticos, funcionando como una especie de «antena» que es muy sensible

a interactuar con el entorno. De acuerdo con las teorías de Fröhlich, la sensibilidad proviene del hecho de que el agua forma un sistema coherente. Tal vez por eso las frecuencias vibratorias tienen una respuesta tan rápida en los seres vivos.

La matriz viviente muestra una continuidad estructural en todo ello. Es el único sistema que está en contacto simultáneamente con todas las partes del cuerpo. Como la medicina convencional no lo tiene en cuenta, a la hora de pensar en las comunicaciones a lo largo de todo el cuerpo solo se centra en los sistemas nervioso y circulatorio, que pueden llevar una serie de señales a través de los impulsos nerviosos y de las hormonas. Sin embargo, los nervios y los vasos sanguíneos no contactan directamente con las células.

Fue Alfred Pischinger quien demostró que la matriz extracelular no es un mero relleno del espacio entre capilares y células, sino un componente dinámico, vibrante y vivo que tiene una importancia vital en las operaciones de cada momento en todos los procesos fisiológicos. En determinadas circunstancias, la matriz puede reaccionar rápidamente como una unidad; las señales se pueden transmitir de forma instantánea a través de toda la malla.

Intervenciones sutiles en los seres vivos, como la introducción de un simple fotón, pueden producir una cascada de cambios que modifique el estado fisiológico del organismo entero.

LA LUZ QUE EMITIMOS

Dentro de las radiaciones electromagnéticas, *luz* es el nombre que reciben las radiaciones con un determinado rango de longitud de onda. En su dualidad onda-partícula, la emisión electromagnética está asociada a la partícula llamada fotón, y la luz que emiten las entidades biológicas se denomina fotones.

Fritz-Albert Popp es un eminente biofísico teórico de la Universidad de Marburgo que ha ganado casi todos los reconocimientos que se pueden obtener en una carrera científica.

Enseñaba radiología en la universidad: la interacción de la radiación electromagnética con los sistemas biológicos. Había estado investigando sobre algunos agentes cancerígenos, y se dio cuenta de que presentaban una propiedad que se manifestaba al iluminarlos con una determinada luz en el rango ultravioleta. Lo pudo relacionar con un mecanismo conocido como fotorreparación (conocido pero no explicado), que dice que «si puedes bombardear una célula con luz ultravioleta de modo que el noventa y nueve por ciento de la célula, incluyendo su ADN, sea destruido, podrás reparar el daño casi completamente en un solo día simplemente iluminando la célula con luz de la misma longitud de onda, pero de una intensidad muy débil». Llegó a la conclusión de que las sustancias que producen cáncer de alguna manera estaban relacionadas con el mecanismo de la fotorreparación.

Su tesis suscitó mucho interés entre los oncólogos, pero tenía el «inconveniente» de que se apoyaba en la hipótesis de que los seres vivos emiten luz. Esto actualmente es muy conocido gracias en parte a su aportación, pero en ese momento necesitaba demostrar que eso era así. Diseñó un equipo capaz de captar hasta un único fotón y demostró que no solo todos los seres vivos emiten luz, sino que esta luz es coherente. Pudo relacionar la emisión de luz con el ADN, y mostró en sus experimentos que esta luz, los biofotones, eran suficientes para organizar el cuerpo y permitir que todo funcionase sincronizadamente.

Obviamente, las emisiones de luz de los seres vivos son de muy baja intensidad. Y el número de fotones parecía estar vinculado con la posición del organismo en la escala evolutiva: cuanto más evolucionado el ser vivo, menos biofotones emite. Esto le llevó a la conclusión de que la emisión de biofotones es un mecanismo corrector del sistema. Detectó que las emisiones siguen patrones de ritmos biológicos de siete, catorce, veintiocho, treinta y dos, ochenta y doscientos setenta días, así como ritmos de día y noche.

Al hacer mediciones sobre pacientes con cáncer descubrió que todos ellos habían perdido los ritmos periódicos y la coherencia, es decir, habían perdido la conexión consigo mismos y con el mundo. Las células tumorales emiten mucha más luz que las células sanas (de la misma manera que consumen mucha más glucosa). Como la emisión de luz es un mecanismo de corrección, es como si el cuerpo intentara corregir el problema que hay en esa zona. Los pacientes con esclerosis múltiple mostraban un excesivo orden, un nivel demasiado alto de luz, una rigidez de la «estructura» energética.

Esta fue la misma conclusión a la que llegó Valerie Hunt a través de sus medidas electromiográficas. Definió que la salud se basa en una comunicación subatómica correcta, y que la enfermedad surge como consecuencia de una falta de comunicación. Sus investigaciones le costaron el puesto de trabajo, pero posteriormente pudo retomarlo con un nuevo equipo internacional, con el que han obtenido resultados muy interesantes. De nuevo, las emisiones de luz se consideran una comunicación no solo interna del organismo sino también con el exterior.

EL PUENTE DE UNIÓN

Después de toda esta cantidad de información, uno se va dando cuenta de que ya se ha hecho mucho trabajo en cuanto a la definición y la descripción del campo energético humano. Lo que no es tan evidente y conocido es que, a mi modo de ver, hay un elemento que hace de puente entre muchos de los conceptos comentados: los microtúbulos. Estas pequeñas estructuras, formadas por proteínas, son como tubos (de ahí su nombre), como cilindros huecos. Habitualmente están formados por trece hebras que se enroscan alrededor de un núcleo hueco formando una espiral. Transportan distintos productos celulares y están continuamente remodelándose, ensamblándose y separándose.

Hasta ahí el conocimiento «estándar».

Pero se ha demostrado que los microtúbulos poseen un mecanismo de emisión de señales asociado con la transferencia de electrones. Reciben la energía incoherente y esta, al pasar a través de los microtúbulos, se vuelve coherente. La coherencia se extiende a grupos de células y, de esta manera, se produce una sincronización a todos los niveles, incluido el cerebral. Se describen como una «guía de ondas» para fotones, es decir, como túneles en cuyo interior los llevan de célula a célula, sin pérdida de energía, como si se tratara de fibra óptica. Los microtúbulos tienen una propiedad llamada superradiancia, que significa que pueden transformar cualquier energía incoherente en fotones coherentes, y que, una vez hecho, esta energía (que es luz) puede viajar a través del cuerpo sin obstáculos.

Como dato, los cambios que se producen en los microtúbulos se propagan un millón de veces más rápidamente que las señales neuronales, lo que puede explicar las operaciones cerebrales instantáneas, que ocurren a velocidades mucho más altas de lo que la sinapsis neuronal permite, así como la tendencia que tienen a sincronizarse los electroencefalogramas de dos personas que están interactuando.

Todo esto no responde únicamente a un modelo teórico, sino a mediciones experimentales.

La importancia de los microtúbulos va más allá de lo que he descrito anteriormente. No solo son como tuberías de luz que hacen que la luz «se ordene» y que se transmita la información de forma sincronizada e instantánea a todo el organismo (y al exterior), sino que hay quien los asocia a la propia conciencia. A pesar de no tener evidencia experimental de ello, el modelo de Penrose-Hameroff representa una valiosísima aportación a la relación entre la fisiología y la conciencia, así como al valor que la bioenergía (en este caso la luz) tiene en ello. Al fin y al cabo, como dice David Bohm, «la luz posee contenido de información, forma y estructura.

Es el potencial de todo». Los fotones de la luz no tienen masa, y por ello no tienen antipartícula, es decir, parecen escapar del mundo de la dualidad...

La unión entre la luz y la materia, el eslabón perdido de cómo se produce el desarrollo embrionario, de cómo en las células se activan determinados genes para producir la formación de órganos y sistemas, puede estar relacionada con los microtúbulos.

Los microtúbulos no solo forman el citoesqueleto, sino que también juegan un papel principal en la división celular y en otros procesos como el movimiento de la célula.

Todavía no tengo constancia de que se haya encontrado ese «eslabón perdido» que relacione el paradigma bioquímico con el energético, si bien ciertas informaciones apuntan a que estamos ante algo que puede ser revelador respecto a la enfermedad y la salud. Por ejemplo, hay evidencia experimental de que las células cancerosas presentan frecuentemente alteraciones en los centriolos (formados por microtúbulos). Por otro lado, hay toda una línea de pensamiento que sugiere que el cáncer puede estar asociado con un desajuste de la dinámica coherente de los sistemas biológicos, en concreto de los microtúbulos.

Por tanto, tenemos un elemento que procesa la información, la transmite sincronizadamente a todo el organismo y participa de forma activa en la división celular. ¡Parece una línea interesante para continuar investigando!

LA FUENTE:
EL PUNTO CERO

No se puede hacer un comentario sobre contenidos de física cuántica sin hacer referencia a la energía del punto cero. La mecánica cuántica ha demostrado que no existe algo como el vacío o la nada (cosa que, por otro lado, ya aseguraba Aristóteles). Una vez eliminada toda la materia y la energía, hay un «hervidero» de actividad subatómica. Es la energía residual, la energía oscura, que se puede explicar a través del principio de incertidumbre de Heisenberg (uno de los padres de la física cuántica), que dice que ninguna partícula está completamente en reposo y que estas variaciones provocan una «fluctuación cuántica», la cual permite la creación y aniquilación constante de partículas y antipartículas —esto significa mucha energía, mucha más de la que se encuentra en toda la materia que conocemos—. Esta energía forma el campo punto cero, también llamado a veces «mar». La analogía con el mar es bastante gráfica: permite visualizar que debajo de una superficie aparentemente vacía y tranquila hay un mundo de vida que no podemos observar a simple vista, pero que existe.

Esta teoría muestra que nos encontramos en un mar de energía, en un intercambio continuo de energía. En este mundo, las partículas «reales» duran apenas un instante antes de volver a desaparecer, a fundirse, en el campo; podemos emplear la analogía de una ola que brevemente besa la playa para volver a disolverse de inmediato en el océano. La existencia individual dura solo un instante. Las partículas no se pueden separar del «vacío» que las rodea. ¿Hemos pensado en las implicaciones «filosóficas» que tiene esto?

En el libro *El Tao de la física* se muestra cómo el lenguaje de la física cuántica acaba explicando la realidad de forma muy similar a lo que podemos leer en los antiguos textos orientales. Todo está conectado, como la red de Indra, una red formada por infinitas perlas organizadas de modo que cada una refleja a todas las demás. Hermosa forma de describir un holograma. En esta conexión, nada se pierde. Un holograma gigantesco en el que la individualidad es efímera, en el que la pequeña conciencia humana se «funde» de nuevo en la conciencia universal. Como una ola, la conciencia humana experimenta una breve experiencia de separación (que percibimos como vida) para volver después al océano cósmico en el que todo es unidad. Cada interacción se graba en un *akasha* ilimitado, en forma de información procedente de un patrón de interferencia instantáneo. Nada se pierde; todo está siempre accesible. Todo está unido, todo es uno. Esto nos lleva a reflexionar sobre las implicaciones del conocimiento científico en la concepción del ser humano, hecho que desarrollamos en la tercera parte de esta obra: «El hombre cuántico».

Segunda parte

VER LO INVISIBLE

LA LUZ QUE SOMOS

En el capítulo anterior hemos visto que la investigación científica, la teoría de la física cuántica y la ciencia de materiales han mostrado una visión electromagnética de los organismos vivos. Las proteínas, uno de los ladrillos básicos de construcción del cuerpo, tienen características semiconductoras y están rodeadas de nubes de electrones libres, deslocalizados. Estas partículas pertenecen al sistema completo, no solo a una parte, y de ahí pueden aparecer propiedades holísticas. Por su naturaleza, estas nubes de electrones (partículas cargadas eléctricamente) son susceptibles de recibir influencias externas como el magnetismo, la luz, el calor, los campos eléctricos, la presión o el sonido.

No toda la energía es electromagnética o se puede reducir a electrones, pero los electrones sí están relacionados con la manifestación electromagnética de la energía, como lo están los fotones. Hasta hace poco, el único sistema para transmitir la electricidad se consideraba que eran los iones (a falta de metales en el cuerpo), pero las aportaciones científicas nos han dado una idea del ser humano como un sistema semiconductor altamente organizado, conectado en su totalidad por una red viviente de proteínas (colágeno en el exterior de las células, actina en su interior) que permite una comunicación total entre todas las partes de forma simultánea, y que genera y contagia coherencia como si se tratara de un láser.

Entre los mecanismos de homeostasis (de mantenimiento del equilibrio) tenemos la regulación de la temperatura corporal, del pH, etcétera, y también la emisión de biofotones. El cuerpo humano deja de ser una gran maquinaria completa para convertirse en una unidad indivisible, comunicada por señales electromagnéticas que rigen el comportamiento biológico.

Las tecnologías actuales permiten captar, medir y cuantificar estas emisiones de múltiples formas. Algunas de las medidas son convencionales y ampliamente utilizadas como herramientas de diagnóstico.

Hay dos líneas de trabajo respecto a las medidas de los campos. La primera de ellas trata de llevar a cabo una medición «directa» a través de herramientas clásicas de la instrumentación electrónica: de esta manera se obtiene, por ejemplo, un electrocardiograma, con electrodos y cables conectados a una especie de osciloscopio que permite visualizar e imprimir la señal. También de esta manera se mide la actividad eléctrica y magnética del cerebro, la retina, los músculos, etcétera. A medida que la tecnología electrónica avanza, también avanzan las posibilidades de aplicación biomédica. El descubrimiento de los SQUID (*superconducting quantum interference device*) ha permitido medir campos magnéticos sutiles (aunque su precio no permite usarlo a los investigadores «de a pie»).

La segunda forma de acercarse a los campos energéticos humanos es a través de la imagen. Se utilizan radiaciones externas que interaccionan con el cuerpo o con el campo interno del ser vivo y que permiten obtener una imagen de ello. Por ejemplo, las radiografías y los TAC permiten visualizar la interacción entre radiaciones ionizantes (RX). También las gammagrafías y las tecnologías PET/SPECT trabajan con este tipo de radiaciones. El efecto Kirlian permite estudiar la interacción entre ambos campos usando una fuente de energía no ionizante: campos electromagnéticos en la banda de radiofrecuencia con voltajes muy elevados a intensidades muy bajas son capaces de arrancar electrones y producir una excitación que se puede captar mediante una cámara fotográfica. Entre los dispositivos que utilizan esta tecnología se cuenta la cámara GDV, que yo utilizo habitualmente para mostrar y analizar el campo energético humano.

CONOCER NUESTRA REALIDAD ENERGÉTICA: ¿PARA QUÉ?

La respuesta a esta pregunta es muy simple: porque no podemos cambiar lo que no conocemos.

Me hablaba una vez un estudiante de medicina sobre las investigaciones que les habían estado explicando en clase para estudiar cómo son los procesos de aprendizaje. Parece ser que pusieron a dos perros en sendas jaulas. A las dos jaulas les pusieron un sistema de corriente eléctrica muy molesta, pero una de ellas incluía un botón, de manera que si el perro lo llegaba a apretar, la electricidad pararía (en ambas jaulas). Así que enchufaron la corriente, y el animal cuya jaula tenía el botón, al cabo de un rato lo apretó, por casualidad, y la electricidad paró. Después de unas cuantas repeticiones, el perro había aprendido a parar la electricidad, pero el otro animal no entendía por qué había ratos en los que esa electricidad le molestaba tanto y ratos en los que paraba. Entonces los cambiaron de jaula: los pusieron en otra cuya mitad estaba electrificada; la otra mitad, detrás de una barrera, no lo estaba. El perro de la jaula con el botón incorporado, al sentir la electricidad en sus patas, empezó a buscar el botón. Pero esta vez no estaba. Buscaba y buscaba, pero no había botón. Sin embargo, había aprendido que había algo que podía hacer. Y encontró la manera de brincar hasta el otro lado y estar libre de la electricidad. El otro, el que nunca había tenido botón, se quedó allí.

Me gustaría poder decir que disponemos de botones para poder parar las situaciones desagradables de nuestra vida. Es más, me encantaría poder darle a cada uno un botón para que pudiera detener su sufrimiento. No tengo esa capacidad, pero sí puedo recordaros que NO somos víctimas como el segundo perro, que siempre hay maneras de salir adelante, que siempre podemos aprender cosas nuevas que nos ayuden a sobreponernos a las dificultades.

Conocer nuestros diferentes cuerpos nos hace más conscientes y más responsables. Eso es exactamente lo mismo que decir que este conocimiento nos permite recuperar el poder sobre nuestra propia realidad.

¿CÓMO VER LO INVISIBLE?

Algunas personas poseen dones especialmente despiertos para ello. Pero la mayoría cree no tenerlos. No importa; los avances tecnológicos nos permiten llegar hasta donde no puede llegar nuestro cuerpo.

Respecto al mundo de los fotones o la luz que emitimos, podemos decir que hay dos maneras de medirla. La primera es a través de la emisión espontánea (biofotones propiamente dichos), que requiere de una tecnología sofisticada y un protocolo complejo. La segunda, a través de una emisión estimulada por un campo energético exterior –que se puede medir con un protocolo realmente sencillo– que provoca una amplificación de las emisiones.

GDV son las siglas en inglés de *visualización por descarga de gas*, una breve síntesis de la base sobre la que funciona la máquina. En realidad consiste en un aparato que provoca una descarga eléctrica de un voltaje muy elevado con una intensidad muy pequeña, de forma que se puedan excitar los electrones del campo energético de los dedos. La interacción entre el campo electromagnético externo y el propio campo de la persona permite obtener una imagen que es como la «huella electrofotónica» de esa persona. La GDV se basa, por tanto, en el efecto Kirlian o efecto corona, si bien incorpora los últimos logros tecnológicos. También se llama método EPI, siglas de *electro photon imaging*, o imagen obtenida por el sistema descrito anteriormente como electrofotónico.

Una vez tenemos las imágenes en el ordenador, mediante un *software* de procesamiento basado en técnicas de inteligencia artificial y de matemática no lineal se analiza, se cuantifica y se puede visualizar la energía de órganos y sistemas, con la posibilidad de separar la parte física de la parte psicoemocional. De esta manera podemos visualizar el campo energético del hombre, así como los efectos de cualquier interacción energética que se esté produciendo: desde una emoción que se desencadene, pasando por la exposición a un campo electromagnético como podría ser la pantalla de un televisor, hasta una actividad como el deporte.

El profesor Korotkov desarrolló el sistema GDV a partir de las investigaciones de Peter Mandel, quien demostró que en los diez dedos de las manos está la información holográfica del cuerpo, así como aspectos de la psique humana. También se basó de un modo importante en la medicina tradicional china y en la medicina ayurvédica, dos sistemas que llevan miles de años funcionando. La información técnica que muestro a continuación está obtenida de los libros del profesor Korotkov, con quien tengo el placer de colaborar, puesto que además de ser un eminente científico es una excelente persona.

¿En qué se basa la sensibilidad del método GDV?

El sistema nervioso autónomo es el principal indicador de las reacciones del cuerpo a los impactos internos y externos (cambios en el clima, efectos de los químicos, repercusiones de la comida o de las preocupaciones emocionales, etc.). Todos estos procesos están manejados por el sistema nervioso simpático y parasimpático, y se reflejan en parámetros de la piel. La resistencia eléctrica de la piel cambia como un todo, y también cambia en los puntos de acupuntura: los capilares se pueden estrechar y ensanchar, las moléculas orgánicas son emitidas a través de los poros de la piel y las características de la transferencia de electrones en el tejido conectivo también se modifican. Todos estos procesos influyen en la emisión de electrones desde la piel y el desarrollo de avalanchas de electrones, que se reflejan en los parámetros GDV.

Con métodos físicos podemos medir procesos físicos. Por eso solo es posible medir la influencia de la conciencia en los procesos físicos o fisiológicos. Esta influencia es dirigida a diferentes canales, en primer lugar a través del cerebro, que toma parte activa en el pensamiento y en los procesos emocionales. El cerebro produce una cascada de sustancias químicas que intervienen en los procesos fisiológicos.

¿Qué mide el método GDV en términos físicos?

El método GDV se basa en la estimulación de la emisión de fotones y electrones de la superficie del cuerpo. La estimulación se consigue transmitiendo pulsos eléctricos cortos. Cuando un objeto es situado en un campo electromagnético, sus electrones primarios, y hasta cierto grado sus fotones, son «extraídos» de la superficie del objeto. Este proceso está ampliamente estudiado en física (es el mismo fenómeno que utilizan las cámaras de fotos digitales). Las partículas emitidas se aceleran en el campo electromagnético y generan avalanchas de electrones en la superficie del cristal dieléctrico. Esta descarga produce una iluminación, resultante de la excitación de moléculas del gas de alrededor, y este brillo es lo que se mide con el sistema GDV. Los pulsos de voltaje estimulan la emisión optoelectrónica, que se intensifica en la descarga de gas, amplificada por el campo eléctrico creado.

De forma gráfica, es algo parecido a lo que ocurre con los relámpagos. Existe una gran diferencia de potencial entre la atmósfera y la Tierra, y los electrones encuentran un camino por el que circular. Al hacerlo, ionizan las moléculas de aire de alrededor y esto lo visualizamos como un relámpago. A través de la tecnología GDV, obtenemos pequeños relámpagos por la diferencia de potencial impuesta entre nuestro dedo y el generador de la máquina.

Recordemos que todos los seres vivos emiten fotones, y que esos fotones participan en los procesos de regulación biológica, y más concretamente en las reacciones en cadena de regulación oxidativa. La vida depende del uso de la energía de los fotones del sol. Esta energía se convierte en electrones mediante la fotosíntesis en las plantas. A través de una serie de transformaciones, la energía de la luz se transforma en la energía de nuestro cuerpo. Así que la vida se basa en la energía de la luz, y los componentes orgánicos sirven como el material de trabajo para convertir esta energía. El registro de biofotones (espontáneos) es un proceso extremadamente complejo que requiere condiciones especiales, la más importante de las cuales es la oscuridad. En el sistema GDV estimulamos la emisión de electrones y fotones, que nos dan un brillo intensificado miles de veces. Eso hace posible que las imágenes se tomen en circunstancias normales, sin ninguna necesidad especial de preparar los objetos. Toda la información de este sistema se procesa informáticamente. Sin este procesamiento de datos, no obtendríamos información relevante.

¿QUÉ SIGNIFICA ESTO EN TÉRMINOS BIOFÍSICOS?

El método GDV mide la emisión optoelectrónica estimulada en objetos biológicos. Durante el proceso de medición, fluye una corriente eléctrica por los circuitos del dispositivo. Controlada por el diseño y la construcción de este, la corriente es muy pequeña (de microamperios) y pulsada, por lo cual no causa cambios fisiológicos sustanciales y es totalmente segura. El generador ha sido desarrollado de modo que la señal que produce sea totalmente estable. Este es un punto clave, porque es lo que permite la repetibilidad, es decir, que al sacar la imagen repetidas veces la variabilidad entre ellas sea muy baja. Este punto, más la posibilidad de analizar cuantitativamente la información, constituye la principal diferencia entre esta tecnología y las cámaras Kirlian convencionales (las cuales también pueden aportar información valiosa, aunque no soporten el método científico).

Una corriente eléctrica se puede producir por electrones o por iones. Cuando los pulsos de voltaje de unos pocos milisegundos son transmitidos por la piel, se produce una despolarización del tejido y los iones son transportados. Para muchas técnicas como la electroencefalografía o la electroacupuntura de Voll, la despolarización de los tejidos por interferencias entre los electrodos es un problema, y se utilizan geles para solucionarlo. El sistema GDV usa pulsos muy cortos, así que no causa despolarización.

Hay dos fases en este proceso. En primer lugar se produce una extracción de los electrones localizados en las capas exteriores de la piel y los tejidos circundantes. El número de estos electrones es limitado, así que la corriente enseguida disminuye. Pero en una segunda fase se incluyen en el flujo los electrones procedentes de capas más profundas del cuerpo, y estos tienen muchas fuentes diferentes. Algunos de ellos pertenecen a sistemas albuminosos y, de acuerdo con las leyes de la mecánica cuántica, están dispersados entre las moléculas, deslocalizados, formando una nube de electrones que ocupa una zona determinada del espacio.

Otra fuente de electrones en los procesos GDV son los radicales libres que hay en la sangre y en los tejidos. Se consideran un gran enemigo de la salud. La sangre es uno de los mayores sustratos de corrientes electrónicas.

Cuando el cuerpo funciona con normalidad, las nubes de electrones están distribuidas en órganos y sistemas. La transferencia de oxígeno a la sangre se produce con normalidad y todos los tejidos consumen oxígeno, que usan en una cascada de conversiones bioquímicas. Entre los mayores consumidores de estos procesos están las mitocondrias, que emplean los electrones para convertir ATP. En este caso, la transferencia activa de electrones a los tejidos está asegurada, así como el mecanismo de transferencia de electrones a la sangre mediante radicales libres.

En caso de desequilibrios y disfunciones, inmunodeficiencia o anormalidad en la circulación de los microcapilares, la transferencia de electrones a los tejidos queda dificultada; las reacciones de radicales libres no fluyen en la totalidad del volumen y no hay «almacenamiento» correcto de electrones.

Por tanto, la falta de brillo en los GDVgramas es un indicador de una densidad de transferencia de electrones dificultada en los tejidos e indica también anormalidad en el flujo de las reacciones de radicales libres. Así pues, es indicador de una anormalidad en el aporte energético a órganos y sistemas.

Todos los cuerpos poseen energía, y esta cambia de un tipo a otro. El cuerpo humano dispone de una cantidad importante de energía que se utiliza para actividades físicas, emocionales y mentales. De acuerdo con la física clásica, la energía de cualquier sistema está constantemente cambiando y puede asumir cualquier valor. De acuerdo con la teoría cuántica, la energía de las macropartículas adopta una serie discreta de valores. Los átomos radian energía electromagnética en forma de fotones.

Desde un punto de vista fisiológico, la energía de los sistemas y órganos es determinada por el nivel de la mitocondria asegurado por los electrones libres, esto es, por el carácter del transporte de electrones. La capacidad de la mitocondria de producir ATP determina la posibilidad de realizar la actividad fisiológica. Y la capacidad de realizar un trabajo es lo que se llama energía.

El sistema GDV mide las densidades de electrones en los sistemas y órganos, así como el tipo de corriente eléctrica estimulada. Estas densidades de electrones son las bases fundamentales de la energía fisiológica; por tanto, estamos midiendo las reservas de energía potencial.

¿Qué mide en términos fisiológicos?

Todos los órganos y sistemas están regulados por el sistema nervioso central (SNC) y por el sistema nervioso autónomo (SNA).

Los dos mecanismos básicos de homeostasis son el control del SNA, que incluye la regulación neurohormonal, y el control de electrones a través de las especies activas de oxígeno en la sangre.

Hay muchos datos experimentales que muestran que los métodos GDV miden la actividad del SNA. Se ha demostrado estadísticamente una correlación significativa entre los resultados de la medida de la variabilidad del ritmo cardíaco, la presión sistólica y diastólica, la perspiración (la transpiración o vaporización que se produce a través de la piel) y los niveles de estrés.

Los parámetros de la GDV reflejan la actividad del SNA y el equilibrio simpático/parasimpático.

A través de este sistema podemos tener una imagen en tiempo real de la situación energética de la persona. Y también nos permite comparar el antes y el después de... lo que queramos. En el momento en que escribo estas líneas, estamos empezando una investigación en un hospital del sistema sanitario público español en la que utilizamos esta tecnología como herramienta de evaluación. Obviamente, la metodología de trabajo y la evaluación de datos requieren un proceso totalmente diferente del que voy a exponer a continuación.

En este relato, el uso principal que le doy a la máquina GDV no es tanto científico (en cuanto a que permite una evaluación rigurosa) como pedagógico. Me extiendo en ello en el próximo capítulo, donde reflejo el resultado de más de ocho años de investigaciones con esta máquina, después de haberla utilizado con más de mil personas. Como científica, sé que no he seguido el «método»: no he hecho suficientes repeticiones para obtener una estadística analizable, no he utilizado estudios aleatorizados ciegos ni de doble ciego, ni he seguido otros procedimientos que el «método» exige, pero sí he sido sistemática y rigurosa, y puedo decir que todas las imágenes que siguen, así como todas las que expongo en mis talleres, son mías, y han sido obtenidas exactamente como lo describo. Mi intención es pedagógica y no propagandística de tal o cual actitud o terapia, y mucho menos detractora de nada.

Lo hermoso de este trabajo es que me permite mostrar a todo el mundo (independientemente de sus capacidades, su edad o sus conocimientos) una imagen. No la juzgo; solo la muestro. A partir de ahí, que cada uno tome las medidas que considere adecuadas. Que cada uno haga lo que quiera (o lo que pueda). Una imagen vale más que mil palabras.

¿CÓMO NOS AFECTAN...?

En este capítulo quiero mostrar algunos de los resultados que he obtenido con la fascinante tecnología GDV. Los he clasificado de una manera muy sencilla, solo en dos grupos: cosas «de fuera» —es decir, lo que hago, las personas con las que me encuentro, los lugares, todo aquello que es externo a mí y con lo que entro en contacto y que, por tanto, modifica mi estructura energética— y cosas «de dentro», —es decir, mis propias emociones y pensamientos—. Quiero remarcar, aun a riesgo de repetirme demasiado, que el valor de estas imágenes es pedagógico y no científico, en el sentido de que para obtenerlas no se han seguido los protocolos establecidos en el método científico. Para mí, el método científico es una excelente forma de sistematizar una investigación, pero no es la única manera de obtener un resultado que describa o refleje la realidad. Cuando afirmo que el valor de estas imágenes es pedagógico, quiero indicar que su finalidad es mostrar una realidad, un patrón común a la mayoría de las personas. Por eso me permito el lujo de hacer la explicación a través de un recorrido con individuos concretos que nos reflejan momentos personales que podrían ser de cada uno de nosotros.

LAS COSAS «DE FUERA»

Cuando hablo de esta tecnología, tal vez una de las primeras pruebas que todo el mundo querría hacer es con el TELÉFONO MÓVIL. ¿Será verdad que tiene efectos negativos sobre nuestra salud?

Antes de mostrar la imagen debo hacer una aclaración: TODO EL MUNDO SIEMPRE NUNCA NADA. Pido perdón a los filólogos por semejante construcción gramatical. Pero cuando empiezas a oír: «Entonces ¿a todo el mundo que habla por el teléfono móvil le pasa eso?», esta es la única respuesta que se me ocurre: no se puede generalizar. No a todo el mundo le sucede siempre lo mismo; ni siquiera a una persona le sucede siempre lo mismo. Depende de tantos factores que intentar una investigación «científica» es realmente muy complicado. Pero sí puedo decir que las imágenes que muestro responden a una tendencia general. He sacado unas setenta fotos de personas antes y después de estar expuestas a la señal de llamada generada por un teléfono móvil, y debo añadir que la mayoría de las veces ocurre lo que muestro.

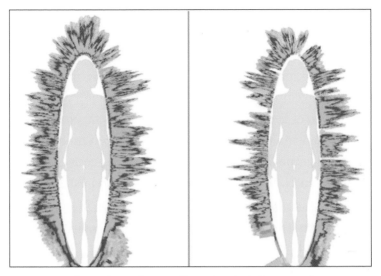

Efecto de recibir una llamada al teléfono móvil

Seguramente habrá quien vea las imágenes y diga: «A mí no me pasa eso», «Yo he visto imágenes diferentes» o «Eso también puede significar...». Insisto en la intención meramente pedagógica de mostrar lo más habitual de las experiencias obtenidas. En este caso la imagen es de una joven que participó en uno de los talleres que llevé a cabo en Cali (Colombia), una muchacha de quince años que estuvo sosteniendo el móvil mientras la llamaban (sin contestar a la llamada para no añadir ningún contenido). Se puede observar una pérdida de energía considerable, así como una desorganización de los patrones energéticos. La pérdida de energía nos deja en un estado más vulnerable. La desarmonización, también.

Yo misma, cuando me compré la máquina, quise probar qué me ocurre cuando estoy una hora al ordenador. Esa soy yo, en un momento determinado de mi vida, antes y después de permanecer una hora ante el mismo ordenador con el que estoy escribiendo estas líneas. La versión del *software* era anterior, por eso las imágenes se ven relativamente diferentes en cuanto a la silueta, pero la información del campo energético es la que es: también a mí me afecta. No importa si soy terapeuta o ingeniero (o ambas cosas en mi caso). En esta imagen podéis ver que la energía se ha congestionado bastante en el área de la cabeza... Cuando vi esta imagen, pensé: «Una vibra en amor (o al menos lo intenta), pero los campos electromagnéticos son los campos electromagnéticos; no confundamos los planos».

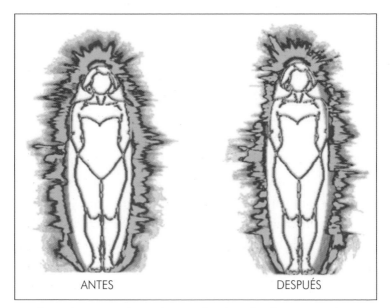

ANTES   DESPUÉS

Efecto de estar trabajando con el ordenador durante una hora

Los campos externos también afectan a mi campo energético y me pueden desestabilizar, aunque la actividad que esté realizando sea muy espiritual. Y tomo conciencia de hacer algo al respecto.

A continuación os presento a Julio. Es una de esas almas amadas eterna e infinitamente, una de esas personas a quienes nos gustaría parecernos. Es inteligente, amable, cariñoso, sensible, alegre y muy buen estudiante. Estudia bachillerato, la carrera de piano y violín y además le sobra tiempo para jugar al baloncesto (federado), para su novia ¡y para charlas conmigo y pasar horas «jugando» con la máquina! Nos pusimos a probar «qué pasa con». Hicimos muchas pruebas acerca de cómo cambiaba su estructura cuando tocaba una determinada partitura de Mendelssohn o de Mozart, incluso composiciones suyas propias. ¡Todo un mundo de emociones se mueve en cada interpretación! Pero no voy a mostrar esas imágenes, sino otra más común a la mayoría de los mortales (que no tenemos la habilidad de tocar con tanta belleza como él). Como músico, es muy sensible al sonido —en realidad, especialmente sensible (sin más concreciones)—. Así que hicimos una prueba en la que estuvo cinco minutos escuchando una emisora de radio sin sintonizar, a un volumen normal.

Se trataba de un RUIDO muy inferior al que pueden hacer en una obra en la calle, incluso al de algunos aires acondicionados o ventiladores, o al del tráfico en determinadas calles de la ciudad. Cuando uno está trabajando en un entorno ruidoso, eso puede acabar desgastándole muchísimo. ¿A todo el mundo le ocurre esto? No; Julio es especialmente sensible al sonido, porque es músico. Y ese estrés le hace perder mucha energía; le deja muy vulnerable. Ya de por sí su campo es algo problemático. El campo típico de un adolescente es así, muy abierto y muy roto, porque en esta etapa de la vida están descubriéndolo todo. De ese modo, si le dices que es un desastre, se lo cree, porque no tiene defensa. Además, fijaos en que el ruido le afecta todos los sistemas: entran en total carencia energética, solo por un sonido de fondo. Imaginad lo que les puede ocurrir a quienes trabajan en condiciones muy ruidosas.

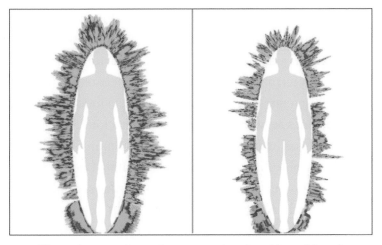

Efecto de estar cinco minutos escuchando ruido ambiental

Ahora viene José. Es arquitecto, mental y adorablemente escéptico. Vino un día a un taller, sorprendido de encontrarme en una faceta desconocida para él. Hicimos la prueba de tomarle una imagen, escuchar una canción y tomarle de nuevo la imagen. Es decir, entre una y otra lo único que ocurrió fue que escuchó UNA CANCIÓN de cuatro minutos de duración. No se trataba de una canción especialmente «ruidosa», pero tenía algo que a mí personalmente no me resultaba agradable. Cuando le pregunté a José qué tal, me dijo que no estaba mal, que incluso le había gustado. Sin embargo, al ver y analizar las imágenes comprobamos que tal vez a su mente no le había desagradado, pero que ¡a su campo energético no le había gustado en absoluto!

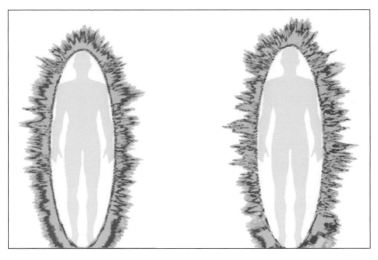

Efecto de escuchar una canción

Eso es típico de los adultos. Estamos tan poco acostumbrados a escuchar nuestro propio cuerpo que ni siquiera nos damos cuenta de si algo nos sienta bien o mal. Los niños, sin embargo, son más receptivos. Recuerdo que en un taller una niña hizo esa misma prueba y me dijo, antes de ver las imágenes:

—Esa canción me ha dejado mal cuerpo; déjame que escuche otra.

Aprovechamos la ocasión para sacar la muestra, y realmente fue espectacular ver cómo después de la canción que ella eligió su campo estaba mucho más radiante incluso que al comenzar. Con los años normalmente perdemos la capacidad de estar atentos a nuestro propio cuerpo. La educación a veces nos hace aceptar casi cualquier cosa, y ya no sabemos qué es lo que nos armoniza y lo que nos desarmoniza. Ojalá sepamos hacer que los niños no pierdan esa capacidad de autoescucharse.

En otra ocasión pude contrastar **EL PODER DE LAS PALABRAS**. Le pregunté a uno de los chicos (Daniel) qué le apetecía hacer para poder analizar los efectos sobre su campo energético.

—Quiero que Fulanito me insulte –me dijo.

—Pues hacedlo. Sé que no es muy pedagógico, pero como prueba me sirve.

Se van fuera y les escucho insultarse; un insulto y una carcajada. Llegan y le saco una segunda foto. Les hago salir y que se digan cosas bonitas. Y saco la tercera foto. Al analizar las imágenes en vivo y en directo, una vez tomadas las tres fotos, pudimos ver, sobrecogidos todos, que después de los insultos Daniel se queda sin su parte izquierda, sin su lado emocional. Y eso que no hubo intención de hacer daño; tras cada insulto había una carcajada, pues para ellos era solo un juego. Pero la palabra en sí misma tiene una vibración, un efecto. También vimos cómo le cambió el campo cuando su compañero le dijo cosas bonitas; y eso que tampoco había ninguna intención asociada a esas palabras (de nuevo, cada palabra iba seguida de una carcajada). Si había alguna intención en sus palabras, era la de pasar un buen rato. La palabra en sí misma tiene un poder. Puede cambiar incluso la forma de los cristales de agua —aproximadamente un setenta por ciento de nuestro organismo es agua.

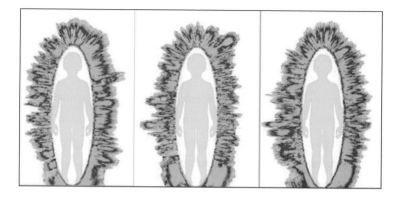

Durante muchos años mi manera de hablar manifestaba mi dureza. Por la razón que fuera, mi propio enojo interno unido a mi inseguridad me hacían estar a la defensiva continuamente, y eso se manifestaba también en mi modo de hablar. Todo ello se veía agravado por un intento de «encajar» en una sociedad que a menudo premia esa misma rudeza y mala educación, como podemos constatar muy fácilmente mirando qué programas de televisión tienen mayor éxito y cuál es el lenguaje que se utiliza en ellos. Y hubo un momento en mi vida en que, sin ninguna otra intención que burlarme, empecé a utilizar palabras más cariñosas. Comencé a parodiar a una persona diciendo «hola, cielo», «hola, cariño», etcétera. Me daba mucha risa algo que consideraba entonces una absoluta cursilería. Pero cuál fue mi sorpresa cuando me di cuenta de que, al poco tiempo de hacer esa broma de manera continuada, empezó a resultarme muy agradable decirle a alguien «hola, corazón». En el momento en el que me dispuse a hablar de una manera diferente, empecé a cambiar, a hacerme más dulce. No sé si a los demás también les hace bien o no; a mí, sí. Por eso ahora intento utilizar palabras más suaves. A veces solo cambiando ligeramente el lenguaje se transforma nuestra manera de pensar. Creo que la programación neurolingüística trabaja sobre eso. Pero, de nuevo, me ciño a mi sola experiencia personal.

En las diferentes investigaciones y talleres hemos podido ver muchos cambios que muestran cómo nos afectan las cosas de fuera. En mis talleres muestro muchos de esos cambios; algunos son sorprendentes, otros esperables. Por ejemplo, la ingesta de licores de alta graduación rompe nuestro campo energético desde antes de que hayamos tragado el líquido; tan solo sosteniéndolo en la mano ya empieza a reconfigurarse el campo (lo mismo ocurre cuando nos acercamos a remedios que corrigen nuestro campo de energía, como las esencias florales, que solo poniéndonos en su campo ya comienzan a hacer su efecto). Después de la ingesta del licor, el cuerpo volvió a un estado parecido al original, aunque no consiguió recuperarse del todo.

Las noticias que vemos en televisión también tienen un fuerte impacto en nuestros campos energéticos. Es normal, si somos conscientes del tipo de información que nos brindan.

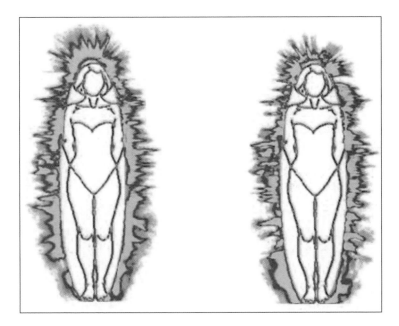

Si uno se quedara solo con lo que los informativos nos explican, más valdría preguntarle al planeta cuál es la próxima parada y bajarse. Pero por suerte no todo es así. No todo es engaño, mentira y violencia; no todo es hipocresía y estupidez; no todo es fútbol y política.

Actividades sencillas, como jugar, pueden tener efectos altamente beneficiosos.

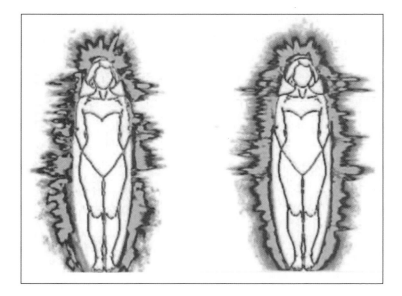

Cuando digo «jugar», me refiero no solo a la vida cotidiana de los niños, sino también a esos ratitos en que los adultos nos olvidamos del traje y nos permitimos reír, movernos libremente, incluso correr, bailar, tocar al otro... Es decir, todas esas cosas que normalmente está prohibido hacer entre clase y clase en el instituto y que sin embargo ¡es tan saludable hacerlas! Ahí vemos a Anita antes y después de eso, de moverse, de reír, de estar cinco minutos en distensión tras una larga hora de estudio. Puede observarse la diferencia, cómo se ha armonizado su energía. Obviamente no ha resuelto sus desafíos, pero al menos tiene mucha más energía disponible.

Otro punto interesante que he podido constatar muchas veces es el tema de la relación entre padres e hijos. En ocasiones han venido a verme padres preocupados porque sus hijos tienen determinados conflictos. Tras analizar la imagen del padre y la del hijo, les he podido mostrar cómo esos conflictos que aparentemente están manifestando los niños son, en realidad, un espejo de los propios conflictos de los adultos con los que conviven y con los que se identifican. Lo mejor que podemos hacer por nuestros hijos es buscar nuestro propio equilibrio interior.

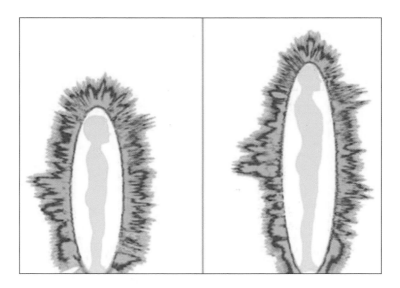

Durante los primeros años de vida, el campo energético de los niños está totalmente vinculado al de los padres. Por tanto, cuanto más centrados, armonizados y en paz estemos los padres más probabilidades tendremos de criar hijos que no tengan problemas ni conflictos. Obviamente, eso no significa que los niños no necesiten ayuda en determinados momentos; solo intento remarcar el importante papel que tenemos los padres y educadores. Si no eres capaz de amarte lo suficiente para hacer todo lo posible por estar bien por ti mismo, ¡hazlo por tus hijos!

Los padres suelen querer que les muestre a sus hijos que jugar a la PlayStation (o a sus versiones más modernas —dispositivos móviles y Wii incluidos—) no siempre es bueno. Resulta sorprendente, porque son ellos quienes lo han comprado. Sea como sea, es una de las peticiones clásicas que recibo. Los resultados son variables en función de las características del niño, del juego y del tiempo durante el que se juegue. Pero muchas veces ocurre esto que muestro a continuación.

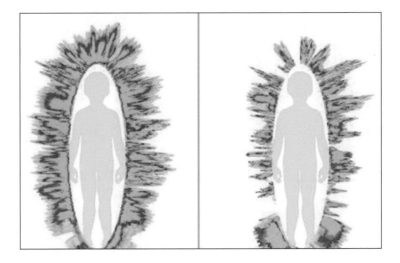

La partida dejó al pobre Juan sin nada. Y eso que solo estuvo diez minutos jugando. La explicación de este resultado es que probablemente le generó estrés. Los juegos acostumbran a limitarte algo: el tiempo. Igual ocurre con los exámenes. Y el tiempo es la atmósfera de la mente. Limitarlo pone en jaque y estresa a la mente. Es un desafío, pero desgasta.

Es todo lo contrario a estar centrado en el corazón, donde el tiempo no existe y no sabes si pasó una hora o tres; simplemente perdiste la noción del tiempo.

Otro de los grandes ámbitos de exploración son las adicciones. La más fácil de analizar es el tabaco. Esta es la imagen de Francisco antes y después de fumarse un cigarrillo.

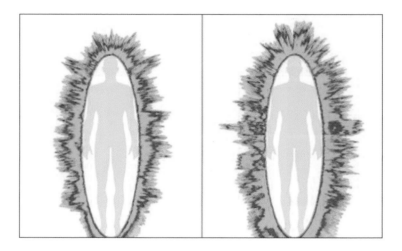

En esta imagen se ve claramente cómo su campo energético aumenta en cuanto fuma; es el efecto de la adicción. El cuerpo está habituado a una sustancia, la nicotina, y cuando la recibe es como si se sintiera mejor. Pero se puede observar claramente el precio que paga por ello: una rotura de la energía en algunos de los filtros, en este caso concreto en los riñones, los pulmones y el intestino grueso.

Cuando lo que se fuma no es tabaco sino algún otro tipo de sustancia psicoactiva, tiene lugar otro tipo de fenómeno. En general, el aura se rompe; aparecen muchos huecos, especialmente en áreas sensibles como la cabeza, en la que desaparece mucha parte de la energía. Habrá quien dirá que lo que sucede es que la energía cambia de frecuencia y que por eso no se ve, pero si ocurriera esto tendríamos otros datos en las imágenes que lo corroborarían, lo cual no es así.

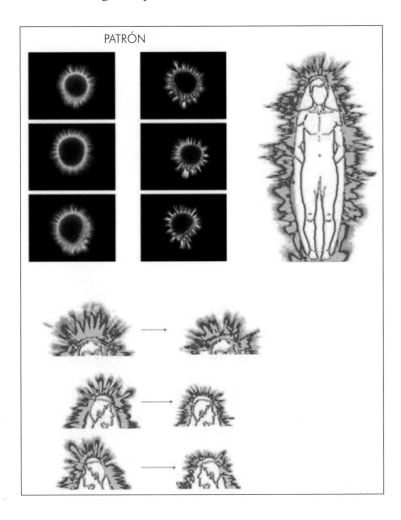

PATRÓN

Por suerte, no todo es desequilibrio. Al igual que jugar, bailar también permite que los valores energéticos se normalicen, y determinados bailes potencian el desbloqueo de algunos chakras. Por ejemplo, las danzas africanas ayudan mucho a fortalecer la conexión con la Tierra, mientras que las danzas árabes o los ritmos latinos hacen un trabajo excelente en el segundo chakra. ¿Quién dijo que las terapias son solo en una camilla?

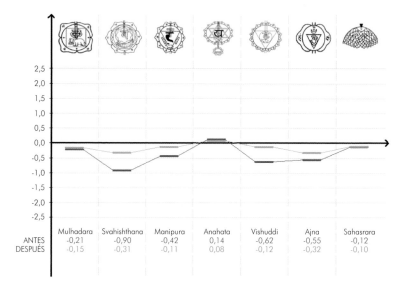

También quienes nos rodean ejercen una influencia sobre nosotros. Es muy divertido hacer la prueba con dos dedos de dos personas simultáneamente, de modo que se vea la afinidad energética entre ellas. Por ejemplo, la primera imagen corresponde a dos personas que no se conocen, y que de entrada no sienten demasiada afinidad; en realidad había un poco de desconfianza entre ellas. La segunda imagen corresponde a una de las anteriores personas con su novio. Se puede apreciar perfectamente cómo le lanza una llamarada de energía a su pareja (la imagen inferior), y se crea un campo común de energía.

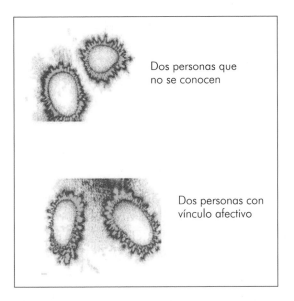

Dos personas que no se conocen

Dos personas con vínculo afectivo

A través de las imágenes hemos podido descubrir también que el cuerpo tiene «memoria» y unos puntos débiles por donde siempre pierde energía. El simple hecho de ver un telediario, de hablar por el móvil, de beber un trago de alcohol..., todo lo que hacemos nos afecta. Si comemos viendo el telediario, tenemos que ser conscientes de que estamos «comiéndonos» las noticias, el miedo, la violencia, la agresividad. Cada uno sabrá lo que hace. Lo bueno de las imágenes es que no requieren discursos; muestran por sí mismas lo que ocurre.

Ahora vamos a ver qué sucede conmigo cuando estoy a solas, con mis propios pensamientos y emociones, con mi vida interior.

LAS COSAS «DE DENTRO»

Lo que pensamos (o, mejor dicho, lo que nos parece que pensamos pero que a menudo no es nuestro) y cómo reaccionamos a esos pensamientos conscientes o inconscientes en forma de emociones también marca nuestra configuración energética. Podríamos decir que una emoción es aquello que nos impulsa a algo, la manera en la que reaccionamos ante los estímulos de la vida. También se puede entender como el lenguaje con el que se expresa mi inconsciente para hacerme ver que hay algo que no cuadra en mi modo de entender la vida. Al margen de las teorías que describen cuáles son las emociones principales y cuáles sus derivadas, de nuevo me centraré solo en aquello que he podido experimentar, personalmente o a través de la cámara.

Hay suficientes estudios científicos relativos a cómo las emociones (y los pensamientos) afectan a nuestro cuerpo físico como para no dudar de que esto es así. La psiconeuroinmunología es solo uno de los campos que nos proporcionan ejemplos de ello. Por supuesto, las emociones y los pensamientos también afectan a nuestro campo energético; y este campo es el que nutre a los órganos físicos. Por tanto, es fácil entender la relación entre las emociones y los pensamientos y nuestro cuerpo físico, entre nuestras actitudes vitales y nuestra salud, entre nuestros hábitos y nuestro bienestar.

Así pues, vamos a ver algunas de estas emociones.

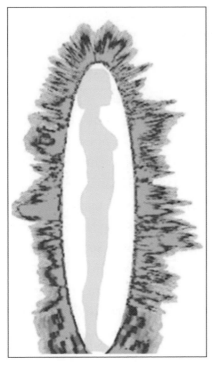

Lo primero que quiero remarcar es que el campo energético nos muestra de una manera muy clara cómo la persona se adapta al entorno, o, mejor dicho, cómo percibe su entorno y reacciona ante él.

Por ejemplo, aquí podemos ver la imagen propia de una persona muy sensible, que interactúa a todos los niveles con los estímulos que le llegan. También es muy probable que no sepa muy bien qué hacer con tanta sensibilidad. Muchos individuos sensibles perciben su propia sensibilidad no como un don, sino como un castigo, puesto que no tienen suficientes recursos conscientes para manejar esa capacidad de percibir lo que ocurre, esa capacidad de conexión con todo lo que existe.

En diferentes etapas de la vida pasamos por distintas configuraciones energéticas básicas. Por ejemplo, he comentado que los niños tienen un campo energético que refleja los desafíos de sus progenitores, y en el que podemos encontrar los mismos patrones que en ellos. La adolescencia es una etapa maravillosa de vida en estado puro, de descubrimiento del exterior y del interior, que se suele manifestar como un campo exageradamente abierto y desarmonizado, es decir, muy vulnerable. Es importante que nos demos cuenta de que lo que le decimos a un niño o a un adolescente y cómo se lo decimos, probablemente le va a entrar directamente, sin que tenga la posibilidad de defenderse de ello. ¡Qué gran responsabilidad! Decirle que es un inútil puede grabársele con mucha facilidad, porque no tiene defensa contra ello; su campo está quebrado, abierto, y presenta dificultades para filtrar la información que le llega.

Muchas veces el campo energético muestra cómo percibimos el mundo. Cuando nos parece que todos están contra nosotros, nos defendemos ante un entorno que nos parece hostil, y normalmente nuestro campo energético muestra esas defensas como espadas o cuchillos situados en la parte delantera del cuerpo. De esa manera, estamos a la defensiva ante lo que pueda ocurrir.

En otras ocasiones me he encontrado con fenómenos muy interesantes; por ejemplo, con patrones que se repiten a lo largo de los diferentes dedos, que nos muestran una situación que el campo energético de esa persona grita y que normalmente la persona calla. En mis talleres muestro varios casos, pero uno de los que más me llamaron la atención fue el de una mujer que vino «por curiosidad» (como tantos otros a los que su intuición les hace perseguir algo que su mente consciente no les permite buscar). Sacamos imágenes de sus dedos, y mi sorpresa fue que a todos les faltaba la misma sección. Pensé que la lente se había ensuciado o que se trataba de algún problema técnico, así que repetí las imágenes, y de nuevo una tercera vez, hasta que me convencí: no se trataba de un problema de la lente sino que, efectivamente, a todos los dedos les faltaba el campo energético en la misma posición. Me fijé en cuál llamaba más la atención, y era el sector que representa el corazón. Así que directamente le pregunté si sentía como si se le hubieran llevado un trocito del corazón. La mujer comenzó a llorar y me dijo que sí, que hacía un tiempo que había roto con su pareja y que sentía que le había robado el corazón y, con él, sus sueños, que sentía un vacío en el pecho muy grande... Eso era lo que estaba gritando su campo de energía por todas partes. Una vez que la mujer pudo mirar a los ojos a su dolor y exteriorizarlo, este remitió, como suele ocurrir. Poco a poco pudo volver a rehacer su vida y recuperar su corazón. Así de poderosas son las imágenes: gritan lo que no queremos decir. Como este, podría citar otros varios casos, sorprendentes y cómicos a la vez.

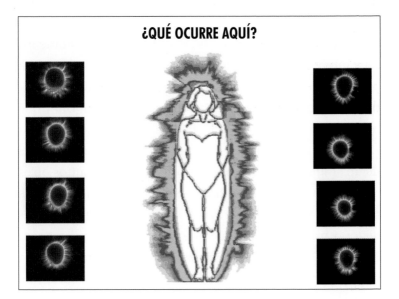

¿QUÉ OCURRE AQUÍ?

Otra mujer vino con un patrón en el que había una llamarada siempre en la misma posición, en todos los dedos. La fuga energética mostraba claramente un «cuerno». Y esa era su principal preocupación en ese momento: tenía la sospecha de que su marido le era infiel, pero sus creencias la hacían sentir una mala persona por el solo hecho de poner en duda la integridad del hombre. No podía expresarlo verbalmente, pero su cuerpo lo mostraba a través de su estructura energética.

Otro patrón muy clásico es el de quienes cargan con el peso del mundo, pensando que amar a las personas es cargar con ellas: «Ahora que ya no les doy de mamar, nada de lo que yo coma alimenta a mis hijos», «No importa cuántas veces me bañe, nadie más que yo va a estar limpio por ello». ¿Por qué, entonces, pensamos que cuanto más sufrimos por los demás más los amamos?

Hagamos una cuenta matemática sencilla: si mi amigo sufre, hay una unidad de dolor en el mundo. Si yo elijo sufrir para acompañarle en su sufrimiento, habrá dos unidades de dolor en el mundo. No me parece un buen sistema.

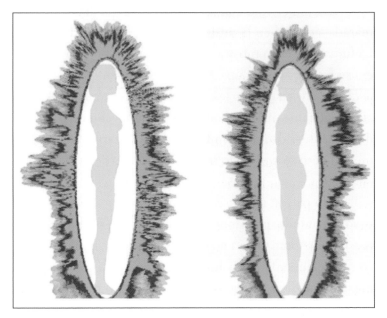

Cargando con el peso del mundo

Me parece más práctico (y más amoroso) mantenerme centrada y serena, trabajar para que ese sea mi estado cotidiano, y ofrecer mi cariño y mi serenidad a mi amigo que sufre. Porque nada resuelvo aumentando los niveles de dolor del mundo, ya exageradamente altos. De todos modos, muchas personas no pueden evitar sufrir por los demás. Habría que plantearse qué educación han recibido para creer que el sufrimiento es una medida del amor. Porque yo no creo que sea así. Cada uno es responsable de su propia vida (excepto en el caso de los hijos pequeños que tenemos a nuestro cargo, y aun así ya vienen con determinadas experiencias por aprender). Cada uno necesita vivir determinadas realidades para aprender sus propias lecciones.

Eso no se va a remediar sufriendo por los demás. Todo es siempre perfecto. Todo lo que vivimos nos permite aprender algo más. Aunque ese algo sea solamente constatar que somos muy fuertes, más de lo que creíamos. Cuando mis gemelos eran pequeños no pasaba una noche en la que durmiera siquiera dos horas seguidas, acostumbraba a quejarme. Luego empezaron con el primer diente y ya ni siquiera eran quince minutos seguidos los que podía estar recostada en la cama. Cuando pude volver a dormir dos horas, me pareció tan increíble que después de ese tiempo ya no tenía más sueño. El cuerpo humano es impresionantemente fuerte y poderoso; solo la mente nos limita nuestras propias capacidades. No hace falta cargar con el peso de nadie. La Tierra gira sola aunque no estemos concentrados en hacerla girar. El corazón late, los pulmones captan oxígeno, el estómago fabrica ácido para digerir los alimentos, la temperatura y el pH se mantienen en rangos bien estrechos para que nuestra vida física sea posible. Y todo eso sin necesidad de que ni siquiera lo sepamos. ¿Por qué nos preocupamos tanto entonces?

El dolor es parte de la dualidad de la vida en la que vivimos. Es parte de la realidad física y parte de la realidad mental. El sufrimiento viene cuando nos empeñamos en aferrarnos a ese dolor. A veces porque el «pobre de mí» nos trae muchos beneficios secundarios: personas que de otra manera no estarían pendientes de nosotros, por ejemplo. Alguien muy querido, cada vez que le preguntan cómo está, responde: «Como me dejan». Lo hace poniendo cara de circunstancias, como si fueran los demás los que determinan que esté bien o mal.

Desgraciadamente, además, es así. Muchas personas están bien si en su entorno todo va bien, o están mal si en su entorno hay problemas. Por supuesto, ver el dolor de las personas a las que amamos a veces puede ser duro para uno; pero siempre podemos retirarnos un poco, dar un paso a un lado y mirar la situación con perspectiva, desde la propia experiencia. Todos hemos atravesado por situaciones dolorosas. Yo he pasado por muchas. Y si soy honesta conmigo misma, ha sido a través de ese dolor como he aprendido la mayoría de las cosas. Poco a poco voy aprendiendo también a través del juego y del silencio, incluso a través de cabezas ajenas. Pero el dolor ha sido un gran maestro para mí. Ojalá hubiera podido encontrar otro maestro, pero fue ese, y no lo desprecio ni lo critico. Ahora puedo mirar con más neutralidad cada situación dolorosa que me ocurre a mí o a quienes me rodean y no hacer un drama de ello.

Uno va aprendiendo recursos hasta darse cuenta de que se puede llegar a no sufrir en absoluto en esta vida, aun viviendo circunstancias de dolor. Aunque ya esté muy manido el tema, ¿no experimentan un malestar físico bastante grande, incluso dolor, muchas mujeres al final del embarazo? ¿Y durante el parto, la mayoría? ¿Alguien diría que eso es un sufrimiento? Yo creo que no; es un dolor más o menos intenso, que sabes que es puntual, que sabes que pasará, y con una maravillosa recompensa. Pues bien, todos los dolores en mi vida han sido como pequeños o grandes partos. Fueron puntuales, pasaron (aunque mientras están ahí parecen eternos), y todos ellos me permitieron «parir» nuevas facetas de mí misma, nuevas dimensiones de mi propio ser; me permitieron convertirme en una nueva persona. Para ello no necesitamos que otro sufra también a nuestro lado; necesitamos a alguien sereno, pacífico y pacificador, amoroso, que nos acompañe en nuestro dolor, como una comadrona, que nos permita renacer a nuestra nueva realidad.

La imagen que viene a continuación es muy interesante. Representa a una persona que tiene mucha energía en la parte de delante, que es la expresión hacia el mundo. Diríamos que esa persona «se come el mundo», pero si miramos su espalda, vemos que en realidad está totalmente desprotegida.

Podríamos llamar a esta imagen el arquetipo del déspota: alguien que se siente inseguro y que por eso necesita gritar, alguien que no siente suficiente apoyo (de su propia sabiduría) y por eso el único lenguaje que conoce es el de dar un golpe encima de la mesa: «Eso es así porque lo digo yo y punto». Muchas veces hemos visto gente actuando de esta manera. Una persona insegura con poder tiene muchas posibilidades de acabar siendo un déspota, alguien que ejerce el poder con agresividad, incluso con violencia, porque no tiene ningún otro recurso. Cuando alguien se siente seguro de sí mismo, puede caminar de puntillas por el mundo, sabiendo que su palabra tiene autoridad, la autoridad que le otorga su propia sabiduría, de la que es medianamente consciente y que le permite manejarse con suavidad. Solo aquel que tiene miedo necesita imponer su criterio y su voluntad. Quien se sabe seguro actúa con respeto.

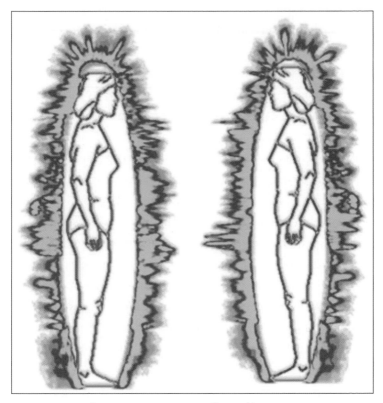

Insegura, pero que nadie se dé cuenta

Esta otra imagen es muy típica de las mujeres. Las palabras que no decimos quedan acumuladas como congestiones energéticas alrededor del cuello, como si fue-sen una bufanda que nos aprieta a veces hasta estrangularnos.

El cuello es la unión entre la mente y el corazón. Es el paso obligado para que el corazón pueda hablar. Pero a la mayoría de nosotras (y a muchos hombres también) nos han educado para callar, para no decir lo que pensamos, no sea que generemos un conflicto. Nos han educado para que no expresemos nuestras necesidades, como si estas no fueran lícitas. Nos han enseñado que es mejor callar.

Pero no se trata del silencio de quien tiene el poder para expresarse pero prefiere no ejercerlo, sino del silencio de aquel a quien le han quitado la voz. Es muy sano callar, sobre todo si lo que decimos no aporta nada positivo. Mi padre solía repetirme el aforismo: «Somos dueños de nuestros silencios y esclavos de nuestras palabras». Ese silencio enriquece; el silencio que buscamos interiormente, el que ejercemos por propia voluntad. Pero el silencio impuesto, ese nos cercena el alma. El corazón intenta atravesar el cuello y, al no poder expresarse, poco a poco se forma una barrera que hace que ya no escuchemos nuestro propio corazón. La mente no tiene ese bloqueo; se puede expresar rápidamente, porque no tiene que atravesar ningún cuello. Y, en esa búsqueda de equilibrio entre mente y corazón, al final la mente acaba imponiendo su voluntad. Y entonces viene «la crisis de los treinta», o de los cuarenta, o de los veinticinco y medio. La crisis de cuando el corazón, cansado de callar, llora. Y es en ese momento cuando nos damos cuenta de que aparentemente lo tenemos todo y de que, sin embargo, sentimos ese vacío en nuestro interior que nos impulsa a buscar cambios: cambio de pareja, cambio de entorno, cambio de trabajo... Pero si ese cambio no incluye una liberación de nuestro cuello, seguiremos sin dejar que el corazón se exprese.

Es cierto que la voz no es la única manera de expresarse. Pero el centro energético de la garganta está muy unido al centro que se encuentra en la zona sexual. Uno gesta y el otro manifiesta. Y si no podemos manifestar, nuestro propio ser acaba por no seguir creando, por no seguir soñando. ¿Para qué?, si todo lo deseado, soñado y anhelado acaba acumulado y sin poder manifestarse.

Es muy importante que demos voz a nuestras necesidades; que, desde el respeto, podamos expresar nuestros deseos, sueños y anhelos. De la manera que sea. De esta forma nuestro corazón podrá expandirse.

Uno de los aspectos más interesantes del estudio a través del campo energético es que la energía no miente. Las emisiones energéticas no siempre coinciden con nuestro pensamiento, porque somos unos verdaderos maestros del autoengaño. Pongo un ejemplo. Un día quedo para cenar con un exnovio. Hace ya bastante tiempo que lo dejamos, así que en mi mente me he organizado una teoría por la cual eso no me afecta, una teoría por la cual he perdonado (aunque no olvidado) todo aquello por lo que rompimos, una teoría fantástica que me dice que ya puedo volver a ver a esa persona, porque ya he rehecho mi vida y estoy estupendamente. Sin embargo, resulta que mi corazón todavía guarda resentimiento («re-sentimiento», es decir, sigue sintiendo lo mismo por lo que rompí con esa persona). Y ese «re-sentimiento» que quiero tapar con mis teorías mentales es lo primero que va a captar inconscientemente esa persona. Nos encontramos; voy preciosa, con una sonrisa impecable, con la voz más dulce de la que soy capaz... Pero a los cinco minutos ya me doy cuenta de que todo va mal. Aunque hablo dulcemente, él percibe la dureza de mis palabras. Porque puedo intentar controlar mi mente consciente, pero soy incapaz de controlar mis emisiones energéticas, que tienen más que ver con la realidad (tantas veces subconsciente). Por eso es tan importante estar atentos a nuestra propia energía, a lo que captamos. Cuántas veces una persona muy pero que muy simpática nos genera rechazo, precisamente por ser «demasiado simpática», como si algo sonara a falso en ella. O cuántas veces desconfiamos de alguien que «parece una mosquita muerta pero luego...». Esa percepción que tenemos de las personas y que muchas veces ocurre a niveles simplemente energéticos es mucho más real y cierta que la imagen mental que nos construimos de nosotros mismos y de los demás.

Tampoco mentía el campo energético de alguien que se sentó delante de mí y me dijo:

—En realidad, yo lo tengo todo.

Las imágenes que obtuvimos muestran su autoengaño:

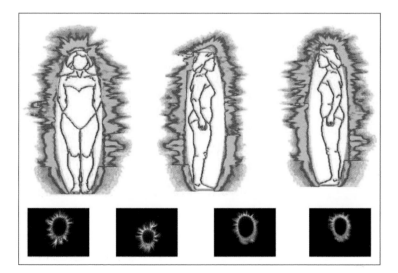

¿Qué significa «tenerlo todo»? ¿Qué has conseguido, los logros que se consideran normales socialmente a una determinada edad? ¿Tienes un perro, un coche, una casa y un marido y ahora estás pensando en tener hijos? ¿Qué es para ti tenerlo todo? Cuando el peregrino visitó la casa del maestro, se lo encontró sentado en el suelo, sin muebles. Y le preguntó:

—Maestro, ¿no tiene usted muebles?

—Tú tampoco los tienes.

—Ya, pero yo estoy aquí de paso.

—Yo también.

¿Qué significaba «todo» para esa persona? ¿Por qué entonces su campo gritaba por las costuras que no podía más? Obviamente, al poco rato de conversación las lágrimas empezaron a expresar lo que ella no podía. La sociedad le había contado un cuento y se lo había creído. Pero al despertar la carroza volvía a ser una calabaza y no sabía qué hacer con ella.

Quizás una de las imágenes que más me impactó obtener (por inesperada) fue esta:

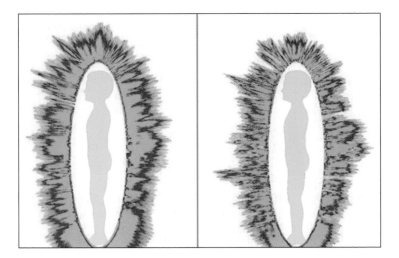

Se suponía que íbamos a ver los cambios positivos provocados por una canción que le gustaba mucho a Álvaro. Pero el resultado fue el contrario. ¿Por qué? Esa canción le gustaba mucho a Álvaro porque era «muy triste»: trataba sobre una mujer que se prostituía para poder dar de comer a su hijo. Yo me preguntaba por qué a un niño de diez años le gustaba tanto una canción tan triste. Solo nos gusta aquello con lo que resonamos, aquello que podemos reconocer en nosotros. Es un alivio para las personas que manejan tristezas ver *Titanic*, porque al resonar con la tristeza pueden llorar a lágrima viva, no por lo que ven en la película, sino por lo que les ocurre en su propio interior.

Eso sucede especialmente con la música. Hay quien asegura no poder escuchar determinada música clásica «porque es triste». Creo que hay melodías cuya estructura resuena mejor con determinadas emociones, pero las emociones son de cada uno. Por eso nos encanta ver películas. Reconocernos en el dolor del otro, en el miedo, en la agresividad, nos hace sentirnos acompañados en nuestro dolor, en nuestro miedo; nos permite expresarlo sin complejos. Nos encanta regocijarnos en ello.

EMOCIONES «POSITIVAS» Y «NEGATIVAS»

Muchas veces en mis talleres pregunto a los participantes: «¿Qué emoción crees que tiene esta persona?».

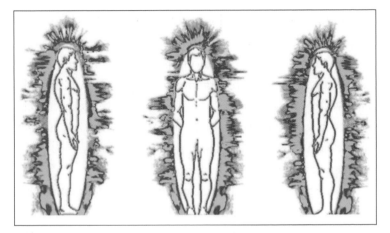

¿Qué emoción es esta?

La respuesta habitualmente es «miedo». O «tristeza», o «depresión», o «enojo»..., es decir, alguna emoción de las que clasificamos como negativas. Estamos acostumbrados a pensar, con nuestra mente dual, en emociones «positivas» y «negativas». Pero las emociones son simplemente emociones, respuestas básicamente químicas que nuestro cuerpo genera para ayudarnos a recordar, y que aparecen como respuesta a un estímulo externo y, sobre todo, a la manera en la que nuestra mente procesa esos estímulos externos. Por tanto, no hay emociones positivas ni negativas; son solo emociones. La ira es una emoción criticada, pero es la que nos permite poner límites y decir «esto es intolerable». Aparece cuando estoy ante una situación que percibo como amenazante y decido hacer algo para solucionarlo. Eso no suena muy negativo, ¿verdad? Tal vez el problema surge cuando nos dejamos llevar permanentemente por esa ira y la aplicamos aun cuando ya no hay situaciones que nos amenacen.

Sin embargo, las imágenes representan «entusiasmo». Son las imágenes de un adolescente que le ha preparado una sorpresa estupenda a su novia por su cumpleaños. Y está «emocionado» porque tiene muchas ganas de que llegue el momento de poder sorprenderla con todo lo que le ha preparado. Porque además está seguro (¿seguro?) de que le va a encantar. Así somos los humanos: nos altera tanto una emoción como otra. Nuestro campo se vuelve vulnerable cuando estamos emocionalmente alterados.

No podemos no tener emociones, porque eso anularía nuestra humanidad. Pero sí podemos no dejarnos llevar por ellas, como el que siente el viento en la cara pero no sale corriendo en la dirección de este, sino que se mantiene firme en su lugar. Todas las emociones son positivas; en realidad son maravillosas, porque nos permiten eso tan increíble y tan propio de los humanos que es SENTIR. La dificultad viene cuando ese sentir anula cualquier otra parte de nuestra vida o, peor aún, cuando nos volvemos adictos a nuestras propias emociones. Cuando necesito estar permanentemente con la adrenalina a tope para sentirme vivo, cuando prefiero estar triste a no sentir nada. Recuerdo una vez que una paciente me dijo precisamente eso:

—Devuélveme mi tristeza; al menos antes sentía algo. Ahora estoy en el sofá y no siento nada, y es un vacío muy grande.

No, no es un vacío; se llama paz, y es el paso previo a que puedas convertir tu vida en una fiesta.

Entre todas las imágenes que he podido obtener a lo largo de todos estos años, la que viene a continuación es mi preferida. El protagonista es otra de esas almas a las que amo infinitamente, más allá del espacio y del tiempo. Un día nos sentamos (antes de sacar la imagen) y me empezó a contar sus penas:

—Mira lo que me ha hecho mi novia...

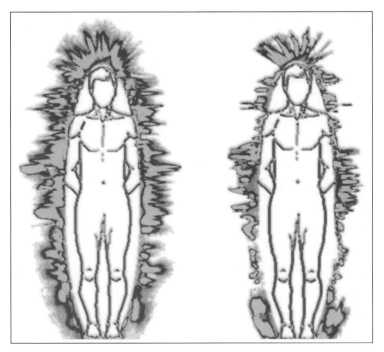

«Mira lo que me ha hecho mi novia...»

Esa frase era la que daba inicio a todas nuestras conversaciones. A sus diecisiete años, sus novias eran siempre lo más importante en su vida. Y no tenía demasiado buen ojo a la hora de elegirlas. Digamos suavemente que solía atraer a su vida a mujeres conflictivas, inseguras o aprovechadas. Así que sus aventuras amorosas acababan inevitablemente en esa frase, seguida de toda una descripción de sufrimientos (que vistos desde hoy le hacen reír) imaginable. La cuestión fue que, al cabo de veinte minutos de describirme todo lo que había ocurrido, la imagen que salió de su campo energético describía perfectamente su realidad: la vida se le iba a chorros por ese problema. Ese «agujero» le provocaba unas fugas energéticas tremendas, que se manifestaban en el desgaste que se ve en la imagen, en la cual se observa una gran pérdida de energía en todos los órganos y sistemas. Si alguien se pregunta adónde fue a parar esa energía, en este caso puedo contestarlo: a mi cabeza, que estaba a punto de estallar después de escucharle.

Esta es mi imagen preferida por una razón muy sencilla: de entre todas las situaciones que he podido investigar acerca de cómo nos afectan las cosas de fuera y de dentro, la más explosiva, la que más afecta y más rápidamente, la más letal, es esta: nuestra propia mente —los pensamientos en los que nos encallamos, dar vueltas a las cosas sin posibilidad de salir de ese círculo vicioso—. Y es que la mente en cierto modo es como un bebé: agarra un juguete y no se lo puedes quitar sin que se ponga a gritar. La única manera de conseguir que un bebé suelte un juguete es ofreciéndole otro. Del mismo modo, la única manera de que la mente suelte un pensamiento obsesivo es ofreciéndole otro. Por eso es tan importante tener una reserva de pensamientos positivos, para poder ofrecérselos a la mente en esos momentos en los que nos obsesionamos y entramos en un bucle que acaba agotándonos, mental y físicamente.

A través de estas imágenes he intentado transmitir dos ideas principales: somos más vulnerables de lo que creemos y, si nos hacemos conscientes de ello, podemos ser mucho más poderosos de lo que imaginamos. Todo eso supone una información muy valiosa no solo para el conocimiento de uno mismo, sino también para nuestra propia salud, física y mental.

MIS PENSAMIENTOS ALIADOS

No quiero terminar esta sección, después de haber escrito tantas palabras, sin ofrecer algunas de las que me han servido para caminar con más alegría y facilidad por la vida. No se trata de una serie de consejos ni de premisas para vivir. Son solo algunos puntos que he ido resumiendo a lo largo de mi trabajo de divulgación, precisamente porque considero que todos los seres humanos somos en esencia muy parecidos, y que probablemente lo que he aprendido también le pueda servir a otro para sufrir un poco menos, o para caminar con mayor ligereza por la vida.

A lo largo de nuestra existencia vamos aprendiendo, a través de diferentes experiencias, a vivir.

1 – LAS COSAS NO SON COMO SON, SINO COMO UNO LAS VIVE. Cada uno vive aquello que necesita para aprender lo que precisa. Pero la misma experiencia sabemos que es recibida de maneras diferentes por distintas personas. Recuerdo la

primera vez que expresé este pensamiento: estaba hablando con una amiga psicóloga en el Camino de Santiago. Probablemente haya una forma técnica de expresar esto mismo desde la psicología, pero tal y como comenté al comienzo del libro yo solo escribo sobre lo que he vivido en primera persona, no sobre lo que he leído o escuchado. Por tanto, continúo expresándolo en mi lenguaje. No importa si aparentemente las cosas son de una manera o de otra; al final, lo que importa es cómo cada uno de nosotros percibe su propia realidad. Es la misma sabiduría que se expresa detrás del refrán «cada uno cuenta la feria según le va en ella». Es tan sumamente importante la propia percepción que tenemos de nuestra realidad que es capaz de modificar nuestra genética. Mejor dicho, es capaz de hacer que determinados genes se expresen y otros no. Esto es lo que estudia la epigenética: cómo la percepción que tenemos de nuestro entorno y nuestras vivencias nos lleva a expresar determinados genes y no otros. Así es de importante la realidad subjetiva que todos percibimos.

Pondré un caso bastante clásico y sencillo. Mi amiga María pierde su empleo. Para ella es una catástrofe. Sin embargo, los demás nos damos cuenta de que es lo mejor que le podía pasar, porque estaba atrapada en un trabajo que no le gustaba, en el que no la valoraban como se merecía y por el que no le pagaban lo suficiente. Aquí vemos claramente cómo no importa de qué modo vean los demás las cosas; yo las veo de una determinada manera, y eso va a condicionarme. Puede ocurrir al contrario, que yo vea como una oportunidad algo que los demás consideran un desastre. ¡Ojalá!

2 – AL FINAL, TODO ES SIEMPRE CONMIGO. O, como decía la madre Teresa de Calcuta: «Al final, todo es entre Dios y tú; nunca es entre tú y los otros». Se trata de otra de las grandes verdades (para mí) que he podido aprender a lo largo de los años.

Este ha sido un aprendizaje muy importante en mi vida, uno de los que más paz interior me han brindado. Todo es siempre conmigo; nunca es con los demás. Me explico. Cuando estoy pasando una temporada complicada en mi vida, puedo tener tendencia a culpar a lo de fuera, especialmente a *los* de fuera. Pero he de saber que ellos no son más que un espejo en el cual me miro, en el cual la vida me da la oportunidad de ver aquello que yo sola no puedo ver por mí misma. Por tanto, nada es de fuera; todo es siempre de dentro. Nada es consecuencia de lo que los demás hagan o digan; todo es consecuencia de cómo reacciono ante eso y de cómo me relaciono conmigo misma.

Hay muchas personas que reaccionan a los estímulos externos continuamente, personas cuyo bienestar se basa solo en si el entorno responde a sus expectativas o no. Desde esa posición (de víctima), es bastante difícil vivir con plenitud, porque muy frecuentemente nuestras expectativas son demasiado exigentes para los demás y, por tanto, muy frecuentemente nos veremos decepcionados por el entorno y su manera de actuar. Sin embargo, entiendo que no es así: mi felicidad no puede depender de nada de lo que los demás hagan. Hay un cierto punto de bienestar que sí puede oscilar en función de la actitud de los otros, pero solo una parte muy pequeña. Porque yo tengo el poder sobre cómo reacciono (o cómo no reacciono) frente a las actitudes de los demás, ante las circunstancias que me propone la vida.

Todo es siempre conmigo. Yo estoy emitiendo continuamente una determinada energía, y el universo responde amplificando eso que emito. Si estoy emitiendo miedo, el universo me proporcionará experiencias que me permitan reafirmar mi miedo. Si emito alegría, el universo me dará cada vez más experiencias alegres... Y si no soy sincera conmigo misma, me confundiré. El autoengaño es muy habitual. Creemos estar tranquilos, pero a la primera de cambio nos alteramos. Creemos amar incondicionalmente, pero a la primera «traición» el amor se convierte en odio. Creemos haber entendido las lecciones de la vida, pero invariablemente seguimos sufriendo. En el nombre del amor a los demás nos dejamos de amar a nosotros mismos. En el nombre de la paz seguimos haciendo guerras.

3 – Si yo estoy bien, todo está bien. Es la consecuencia lógica del punto anterior. Como todo es siempre conmigo, y yo tengo el poder y la libertad de escoger en cada momento cómo quiero reaccionar, si elijo estar bien y trabajo para ello, percibiré todo lo que ocurre desde esa perspectiva. Insisto: si elijo estar bien y trabajo para ello. Este matiz es importante. Muchas personas dicen: «Yo elijo estar bien, pero enseguida ocurren cosas que hacen que no pueda seguir estando bien». La vida puede ser un continuo desafío. Constantemente nos aparecen pruebas para que nosotros mismos seamos conscientes de dónde estamos y de qué hemos conseguido, y para que sepamos hacia dónde vamos.

Hay un proverbio chino que dice: «Hay que cavar el pozo antes de tener sed». Por eso, lo recalco: hay que trabajar para mantenerse bien. Tal vez no es un trabajo como los que la mayoría asocian con una ocupación principal, aunque debería ser lo fundamental en nuestras vidas. Porque sin eso nada va a funcionar. Hemos visto el poder de nuestra mente, la capacidad que tenemos de autodestruirnos con un solo pensamiento. Y la capacidad que tenemos de autoconstruirnos con un solo sueño. Pero hay que mantenerse ahí, buscar esos espacios de paz, limpiar nuestro inconsciente de toda la basura que acumulamos cada día, limpiar nuestras rutas neuronales de hábitos no saludables, conectar nuevas rutas con hábitos saludables y, sobre todo, buscar esos espacios de silencio que nos permitan conectar con nuestra realidad más verdadera, con nuestra propia esencia.

Recomiendo mantener el cuerpo y la mente saludables y limpios para que no sean obstáculos sino aliados en la conexión con nuestro propio ser. Hay muchas maneras de hacerlo, tantas como personas. En mi caso, el yoga ha sido y es un instrumento excelente para ello: me permite mantener el cuerpo físico ágil y flexible, y la mente calmada y vacía de limitaciones. Desde ahí puedo sentarme en silencio para conectarme conmigo misma. Lo bueno es que cuanto más lo practico más fácil me resulta. Hasta que llega un punto en que ya no me desconecto de ese estado; me mantengo ahí permanentemente. Entonces, puedo estar presenciando la destrucción de todos los mundos y mantenerme en paz, sabiendo que todo eso pasará. Que todo está siempre bien (aun cuando no sepa muy bien en qué consiste ese «bien»). Que mañana volverá a salir el sol, como cada mañana.

4 – Los demás son mi mejor espejo. Nos han enseñado a distinguir entre yo, tú, él, nosotros, vosotros y ellos. Es un recurso necesario para poder experimentar, en esta Tierra, la separación. Pero poco tiene que ver con la realidad. Como hemos visto, incluso la física ya describe que hay una conexión esencial entre todo lo que existe, de modo que yo no soy una entidad tan separada como me parece, ni tan diferente. A menudo repito que las personas somos todas muy parecidas. En realidad, tenemos básicamente las mismas necesidades, y la mayoría de las veces son los mismos resortes los que nos llevan a actuar. En el camino del autoconocimiento, lo habitual es volcarse hacia el interior para explorar la propia mente, la manera especial de cada cual de responder a los desafíos cotidianos, etcétera. Pero en ese camino no podemos eludir el importante papel que juegan «los otros». Porque sin ellos yo no podría descubrir mis resortes ocultos. «Ellos» son los que me ponen entre la espada y la pared, y quienes hacen aflorar en mí todo aquello que no he querido o podido ver.

Durante una larga temporada de mi vida estuve sola. Quiero decir, bastante sola. Vivía en un pequeño apartamento, trabajaba bastante y no salía apenas. Sin pareja, sin vida social, mi vida transcurría apaciblemente entre mi interior y mi trabajo. Ahora recuerdo esa época hasta casi con nostalgia, a pesar de que en ese momento la vivía con dureza. Fue una etapa crucial para mí, en la que pude aprender muchísimo sobre mí misma y en la que pude poner los cimientos de la construcción diaria de la paz interior. Sin embargo fue después, cuando volví a encontrar pareja, cuando toda mi estructura crujió. Obviamente, había muchas cosas que ya había aprendido, pero también había unas cuantas acerca de las cuales me estaba autoengañando. Muchas de ellas estaban relacionadas con la autoestima. He tenido que trabajar duramente con mi autoestima. Me atrevería a decir que la mayoría de las personas hemos tenido que hacerlo, pero no estoy segura de este punto. Solo sé que yo sí he tenido que trabajar, ¡y mucho!, para amarme a mí misma. Empezando por amar lo que hago para después poder amar lo que soy, amando lo que soy cuando estoy contigo para poder amar lo que soy cuando estoy conmigo. Pero después de todo ese camino, aún me encontré hiriéndome a mí misma en nombre del amor incondicional ¡por otro! No puede ser que el amor incondicional me pueda llevar a lastimarme; se trata del autoengaño, de nuevo en acción.

La pareja me permite encontrar mis propios límites, más allá de lo que soy capaz de explorar en mí misma. Lo mismo me ocurre con mis hijos. Cuando hablo de límites, no me refiero solo a las creencias que me limitan al empequeñecerme, sino también a las que me amplifican. Por ejemplo, si me hubieran dicho hace unos años (o unos meses) que no iba a poder dormir ni siquiera una hora seguida durante muchos meses (ya van más de diez) y aun así tendría que continuar con mi vida normal, habría asegurado que esto sería imposible. Y no solo con mi vida normal, sino con la vida «amplificada» de trabajo que llevo. Ahí, mis pequeños me han hecho darme cuenta de que eso que yo creía que era un límite no lo era en realidad.

Otras veces me descubro reaccionando de formas que me asustan a mí misma. Bueno, eso es parte del camino de autoaprendizaje. El problema es cuando, ante esos nuevos límites que descubro, me entra el miedo o el cansancio, me deprimo y decido abandonar, y lo único que hago es cambiar las circunstancias exteriores, como si ellas fueran las causantes. De nuevo, todo es solo conmigo. La solución no es cambiar lo de fuera (cambiar de pareja, cambiar aquello que me ha llevado a toparme con mi límite). La solución pasa por verlo, amarlo y saber que no soy tan perfecta como pensaba, pero tampoco tan limitada como creía. Y decidir continuar adelante superando, una vez más, esa terrible pared que me parece que tengo delante, pared que habitualmente se derrumba sola en cuanto la acaricio... Obviamente, mi pareja tiene también que estar de acuerdo en ello y no dejarse llevar por los límites mutuos que nos mostramos, sino aprovecharlo como una oportunidad para continuar creciendo. Pero eso ya sería otra historia.

5 – DETRÁS DE CADA SUFRIMIENTO HAY UNA CREENCIA. Ya he comentado anteriormente este punto. Pero voy a explayarme un poco más.

Un día hablaba con mi hermana mayor en el parque, mientras las niñas jugaban. Eran unos días en los que estaba viviendo acontecimientos «extraños», y ella me preguntó cómo me sentía. Yo le respondí empleando exactamente la frase que he puesto de título: «Estoy bien, me siento en paz. Por momentos, sufro. Pero entonces tengo la oportunidad de observar, porque detrás de cada sufrimiento hay una creencia». No sé si esta frase la han pronunciado muchas personas antes que yo. Supongo que sí; a menudo me suele suceder que «descubro la pólvora».

Hay acontecimientos en la vida que nos generan dolor. Es propio de la naturaleza «humana» (o terrena) apegarse a las personas, a los lugares, a costumbres..., y cuando el universo nos recuerda que la esencia de la vida es el cambio, nos cuesta aceptarlo. Nos cuesta separarnos de las personas, nos cuesta «perder» (no somos conscientes de que en realidad tal vez nunca hemos tenido nada), nos cuesta darnos cuenta de que solo estamos «de paso». El cambio nos genera estrés, y buscamos costumbres, rutinas que nos den seguridad, que nos aporten orden. Pero si observo mi vida, el sufrimiento viene causado siempre por una creencia.

Pongo un ejemplo: una separación. Pienso que no estoy completa en mí misma, pienso y siento que necesito que alguien me contenga, que alguien me complete, que me complemente..., y cuando ese alguien se va, me siento sola, desprotegida, abandonada... Pero no es por el hecho de que la persona se vaya (en este plano temporal sabemos que tarde o temprano eso va a ocurrir); es porque creo que no soy un ser completo, es porque creo que necesito ser complementada, es porque no soy capaz de quererme a mí misma lo suficiente como para sentirme plena.

Podría ir desgranando muchas situaciones cotidianas o habituales que nos suponen sufrimiento, y sin duda alguna encontraríamos la creencia (aprendida, por supuesto) que hay detrás de ellas. Suelo hacer un ejercicio en estos casos: cuando algo me genera ese sufrimiento, cuando algo me quita la paz, me paro a reflexionar. E intento descubrir si eso que a mí me está generando dolor también me lo generaría en otra cultura. ¿Existe algún pueblo en el mundo en el que eso sea habitual? Si es así, es fácil darse cuenta de que se trata solo de una creencia aprendida, que no es algo «real». Con esto no intento justificar cualquier acción, puesto que estoy convencida de que nadie viene a esta vida a ser traicionado, ni a sufrir...; creo que venimos a aprender. Y a aprender a desaprender. La única manera de no sufrir (tanto) es tomar distancia de uno mismo, no dejar que el ego nos lo haga sentir todo en primera persona, no permitir que nos convierta en los protagonistas de todo lo que ocurre... Se trata de tomar distancia, alejarse, mantenerse como el observador de la escena, ver cómo actuamos ante esa circunstancia, cómo actúan los demás, no juzgarnos ni juzgar a otros; solo observar. Al tomar distancia uno se da cuenta de que hacemos y pensamos la mayoría de las cosas porque lo hemos aprendido así. Pero en otras culturas eso mismo no se vive así: ¿por qué me va a hacer sufrir algo que no es mío?, ¿por qué me va a quitar la paz una creencia?, ¿por qué voy a dejar mi felicidad en manos de los convencionalismos sociales? Vine a aprender, a generar conciencia en mi propia vida. Y ocurren cosas que me ayudan a ello.

Pero mi vida no es independiente de la de los demás. Mi «familia de alma» también está aquí conmigo, aprendiendo sus propias lecciones. Y todos participamos de los aprendizajes de quienes nos rodean. Eso hace que mi vida a veces sea descabellada, surrealista, extraña, increíble. Algunos aprendizajes de mis hermanos son complicados de asumir. Algunas personas eligen (o necesitan) vivir situaciones que las ponen contra las cuerdas para poder entender sus propias vidas. Pero si supiéramos todo el entramado, si conociéramos esa «gran partida de ajedrez», seguro que nos maravillaríamos de ver la perfección con la que las acciones se suceden y nos permiten continuar nuestro aprendizaje, a todos en conjunto. Por caminos comunes. Por caminos extraños. Es imposible dejar de aprender.

Y tengo dos opciones: o tomo distancia, observo e intento aprender... o me dedico a sufrir porque las cosas no son como querría que fueran. Detrás de cada sufrimiento hay una creencia. Puedes seguir sufriendo si quieres. O puedes intentar ir deshaciéndote poco a poco de esas creencias... para ser cada vez más libre y feliz. Eso no te hará más indolente, ni te hará más libertino. Simplemente te alejará del juicio, de la necesidad de clasificarlo continuamente todo como bueno o malo. No te hará más insensible. Tal vez te haga más sabio.

6 – Nuestro cerebro no piensa; solo capta pensamientos. Nos tomamos demasiado en serio nuestros propios pensamientos. Como decía Einstein: «El hombre piensa menos de lo que cree, y es pensado más de lo que se imagina». Creemos que los pensamientos son nuestros, pero habitualmente no lo son. Son paquetes energéticos que nuestro cerebro ha captado. Dependiendo de cómo me encuentre, tendré tendencia a captar un tipo de pensamientos u otro. Hay de muchos tipos en la «nube»; según el canal al que me sintonice, seguiré captando pensamientos de miedo o de gozo, de crisis o de oportunidad.

Hay un interés generalizado por que nos conectemos a pensamientos de crisis, de miedo, de escasez... Es la mejor manera de manipularnos. Dirás: «Pero es que estamos en un tiempo de crisis tremenda, como no se ha conocido antes, y la gente está perdiendo sus empleos, y sus casas, y...». Cierto. Mucha gente está viviendo esa realidad. Pero también hay mucha que está viviendo otra realidad. Y no me refiero solo a los «pescadores» que están aparentemente haciendo ganancia en río revuelto, sino a todas las personas que viven en paz, sin hacer ruido, tranquilas, honestas, en su lugar.

Si me empeño en sembrar pensamientos de escasez, eso es lo que voy a recoger. No debemos olvidar que cada uno necesita vivir determinadas experiencias para aprender determinadas lecciones. Sé que muchas personas pueden criticar esto que estoy diciendo, pero es lo que yo pienso. Y lo digo sin dejar de sentir compasión por los que sufren, sin decir que «se lo merecen». No, no es eso. Simplemente pienso que cada uno vivimos las etapas que necesitamos vivir. Yo he visto destruirse mi mundo varias veces. Ha sido horrible. Y ha sido una bendición. He pasado por momentos muy duros, interior y exteriormente. Y ha sido una bendición. Hoy sigo viva y soy más fuerte, más dulce, más compasiva. Uno cosecha lo que ha sembrado, consciente o inconscientemente. Si he sembrado vientos, aun cuando ya lo haya olvidado, indefectiblemente recogeré tempestades. Y si todavía no he aprendido una determinada lección, irremediablemente esta se repetirá en mi vida para que pueda asimilarla. Procuro afrontar la vida como cuando estudiaba la carrera: las asignaturas que menos me gustaban eran las que más estudiaba, no fuera el caso que me tocara repetirlas....

Creemos que pensamos, pero muy pocos pensamientos son genuinos. Nos los «bajamos» de esa internet energética que son los campos colectivos, de inconscientes, registros y demás. Por eso muchas personas piensan lo mismo: porque se han conectado al mismo registro. Por eso a veces dos personas hacen el mismo descubrimiento simultáneamente en dos lugares totalmente diferentes del planeta: porque se han conectado al mismo nodo en el mismo momento...

Así que lo más sensato es no hacer demasiado caso a nuestros propios pensamientos, no tomarlos demasiado en serio, porque probablemente no sean tan nuestros como creemos. Mejor me retiro al silencio y escucho mi corazón, que no entiende de hemisferios ni de inconscientes, que late permanentemente en la vida. Y allí, en el silencio, traigo a mi mente (que no a mi cerebro) la situación y la evalúo. Y seguro que todo es diferente. Es curioso para mí observar mi percepción de un problema horrible antes y después de haber visto una buena película (si es posible en el cine). ¿No te ha ocurrido en alguna ocasión que ha disminuido mucho el dramatismo con el que percibes una determinada realidad por el solo hecho de haber estado distraído de tu propia mente durante un tiempo?

7 – NADA NI NADIE PUEDE HACERTE DAÑO, EXCEPTO TUS PENSAMIENTOS. Todavía recuerdo la primera vez que oí esta frase. Y pensé que era cierta. Pero un tiempo más tarde descubrí que era cierta en plan «sí, pero...». Me encontré en situaciones que desafiaban mi sistema de creencias (pensaba que no existía ese tipo de realidad, que era solo para los crédulos), y me hicieron muchísimo daño. Desde entonces, valoro esta frase en su justa medida. Casi todo el daño que nos causamos a nosotros mismos proviene de nuestra mente, de nuestros propios pensamientos, que son fruto de nuestras creencias. Basta con observar cómo reaccionamos ante determinadas situaciones, cómo muchas veces nos quedamos «pegados» mentalmente a esas situaciones y cómo continuamos con la misma situación por medio de conversaciones mentales, dando vueltas y más vueltas a lo mismo, hasta

acabar haciéndolo mucho más grande de lo que en un principio era y, por la misma razón, estresándonos o enojándonos mucho más de lo que la situación merecía.

Nuestra mente es nuestro mejor aliado y también, muchas veces, nuestra perdición. Estamos tan acostumbrados a creer lo que pensamos que no se nos ocurre ponerlo en duda; no atinamos a imaginar que tal vez ese pensamiento no es nuestro, sino que simplemente lo hemos captado del entorno. Y nuestra mente, acostumbrada a trabajar de forma incansable, en lugar de ponerse a nuestro servicio empieza a delirar y a continuar en la misma línea del estímulo recibido.

Como dije antes, nuestra mente es como un bebé. Le damos un juguete —un pensamiento— y no quiere soltarlo. Se queda ahí, aferrada a él, y le da vueltas, lo muerde, lo golpea..., pero no puedes quitárselo tan fácilmente. Si quieres quitarle un objeto a un bebé, la manera más fácil y eficaz (a no ser que te encante oír gritos) es ofrecerle otro. No importa si es más feo, más pequeño, más grande...; habitualmente lo tomará. Porque le gusta lo novedoso, aunque tenga sus juguetes preferidos. Si necesitas quitarte un pensamiento de la mente, la única manera de hacerlo es sustituirlo por otro. No es tarea fácil; por eso me gusta mucho utilizar los mantras para ello. Cuando me obsesiono con una idea, con un pensamiento, con un recuerdo, con algo que me ha ocurrido, me pongo a cantar mentalmente un mantra (o en voz alta, según donde me encuentre). No hace falta que sea en sánscrito, ni que sea complicado. Puede ser una frase cualquiera, con tal de que tenga sentido para mí. Comienzo a repetirla hasta la saciedad, y nunca mejor dicho. La repito hasta estar saciada de ella, hasta que mi inconsciente suelte el pensamiento que tenía retenido y se ponga a repetir esa frase conmigo. Es la única manera que encuentro de salir de determinados procesos mentales. Y ha sido de gran ayuda para mí, en momentos muy duros de mi propia vida, en momentos en los que todo mi mundo estalló en mil pedazos (cosa que no me ha ocurrido una sola vez). Salir de la mente puede ser todo un reto, y la salvación para muchas personas.

8 – PARA MÍ SOLO EXISTEN DOS DIMENSIONES. A menudo me preguntan en los talleres qué opino sobre lo que se comenta actualmente del salto que estamos haciendo hacia la quinta dimensión. No me gusta hablar de lo que desconozco, y tampoco complicar las cosas sencillas. Puede ser que estemos en una transición muy importante e interesante hacia otras dimensiones, pero resulta complicado hablar de ello, porque la imaginación muchas veces nos juega malas pasadas, porque el lenguaje es limitado para expresar lo que no pertenece a esta dimensión y también porque ni siquiera estoy segura de que todos los que estamos aquí seamos de la misma dimensión. Es como los colores. Acostumbraba a comentar con una de mis hermanas si el color que habitualmente llamamos turquesa es verde o es azul..., y llegamos a la conclusión de que ni siquiera sabemos si lo que yo llamo verde lo estoy viendo igual que lo que ella llama verde. Así que ¿cómo vamos a describir las dimensiones?

De modo que suelo simplificar (hasta el absurdo, según algunas personas) y decir que para mí solo hay dos dimensiones. Una es aquella en la que estoy aquí y ahora, la dimensión en la que trabajo, en la que como, camino, hablo, beso, explico, etcétera. Y la otra es la dimensión en la que soy una con el universo, en la que el espacio y el tiempo desaparecen, en la que hasta yo misma desaparezco. Es la dimensión en la que aspiro a instalarme definitivamente.

De esa manera salgo del lío de las dimensiones, salgo del abuso de lenguaje con el que intentamos expresar lo que no conocemos. Salgo del juego de mi mente, que intenta clasificarlo todo... y entro en el espacio sagrado de mi corazón, donde late el corazón del universo entero.

9 – Yo doy un paso y el universo lo redirige y lo amplifica. Muchas veces tenemos miedo a equivocarnos con nuestras decisiones. He acompañado a muchos adolescentes en la tarea de escoger los estudios con los que continuar. Y he podido ver su angustia ante el temor a «equivocarse». Muchos adultos también viven con ello, y en bastantes ocasiones la única decisión que toman es la de continuar como están. Nos produce miedo el cambio. Nos produce miedo salir de nuestra zona de comodidad. Pero ya sabemos que para aprender hay que salir de ella. La zona de aprendizaje está fuera de la zona de confort. Y muchos elegimos vidas en las que nos movemos continuamente incluso más allá de la zona de aprendizaje, en el abismo continuo.

Mi experiencia de vida me dice que no importa qué eliges; lo importante es que elijas algo, y que lo hagas con el corazón. Toma el camino que quieras, pero tómalo desde el corazón. Y si te «equivocas», el universo se encargará de recolocarte allí donde tienes que estar, con gran rapidez y claridad. Pero uno tiene que dar el primer paso. Si nos quedamos quietos, no ocurrirá nada. Si nos movemos, aunque no sea en la dirección adecuada, acabaremos llegando allí donde tenemos que estar.

Ya he compartido al principio de este libro cómo el universo me trasladó de Estados Unidos a Medellín, y de allí a Cali, para que pudiera encontrar lo que realmente necesitaba encontrar. Todo partió de un sentimiento de estar perdida. Lo único que sabía era que no quería permanecer en ese estado más tiempo. Decidí que prefería intentarlo y «morir en el intento» a quedarme con los brazos cruzados. Decidí arriesgar, en medio de un mar de dudas, y dar ese primer paso. Muchas veces no tenemos claridad mental alguna, ni siquiera para saber hacia dónde queremos caminar. Lo único que podemos ver es un paso, y lo único que necesitamos es disponer de luz para el paso que debemos dar a continuación. Nadie nos asegura adónde nos llevará, pero sí que podemos tener la certeza de que iremos a parar a algún lugar: al que el universo tiene reservado para nosotros.

Así ha sido siempre en mi vida. Inicio un movimiento, siempre desde el corazón, y luego acabo en cualquier otra dirección, pero haciendo aquello que tengo que hacer, encontrando los regalos que la vida me quiere dar.

10 – **Haz aquello que te haga feliz.** Esta es mi consigna más valiosa. Haz siempre aquello que te haga feliz. Nunca vayas en contra de tu propio corazón. Puede que no siempre estés en la verdad, pero si sigues a tu corazón enseguida te darás cuenta de si aquello que estás haciendo realmente te hace feliz o no. Y si no te hace feliz, vuelve a buscar lo que sí te haga feliz. Es la mejor manera de acercarnos a nuestro verdadero ser; la fuente de la alegría, de la dicha, de la paz y del amor. Muchas veces no he podido amar lo que soy, pero siempre he intentado vivir de manera que he podido amar lo que hago, aun cuando lo que hago es sencillo, humilde, repetitivo... Ya sabemos que al final lo importante no es lo que haces sino cómo lo haces y desde dónde lo haces.

Creo firmemente que el propósito de toda vida humana es ser feliz, hallar la Felicidad. La verdadera, la que se escribe con mayúsculas. Por eso apuesto por estar a cada momento instalada (o en proceso de instalarme) en la Felicidad.

Tercera parte

El hombre cuántico

MÁS DE LO QUE PARECE

Los grandes sabios dan un consejo común: «Conócete a ti mismo». Esa es la gran lección que se viene a aprender en la vida. Y es un proceso, largo y fascinante. Hay muchas (¡realmente muchas!) líneas que persiguen este gran objetivo, cada una desde su propio enfoque personal.

Mi propuesta es también una aportación para intentar acercarnos a ello, a través de mi propia experiencia de vida y de mi trabajo con la tecnología GDV. Una aproximación que todo el mundo puede experimentar por sí mismo. Se basa en explorar y tomar conciencia de otras partes de nosotros, de «otro cuerpo» si se quiere expresar de esta manera, y de cómo funciona. Es nuestro campo de energía, eso que no podemos ver pero sí percibir de alguna manera, lo que hace que notemos la presencia de otra persona en una habitación aun cuando no la veamos, o que nos sintamos inmediatamente a gusto o a disgusto ante alguien que nos acaban de presentar.

Todos actuamos en nuestro campo energético. Algunos conscientemente, por ejemplo quienes practican yoga, meditación o taichi, o quienes trabajan con homeopatía, acupuntura, esencias florales... Pero muchos todavía no han podido descubrir esta realidad y viven inconscientes de todo el potencial que representa. Sin embargo, una vez tomamos conciencia del efecto de nuestros propios pensamientos o sentimientos, de cómo nos afectan determinados lugares o personas, toda nuestra percepción del mundo y de nosotros mismos cambia. La mente se abre y ya nunca volvemos a ver el mundo de la misma manera. Y eso nos permite darnos cuenta de que podemos actuar conscientemente, no solo sobre nuestra percepción o recuerdo de la realidad, sino también sobre la realidad misma.

Después de explorar durante un tiempo mi cuerpo, mis emociones y mi mente por separado, ahora entiendo que disociar los tres es solo un recurso didáctico, puesto que están absolutamente unidos.

Nuestro cuerpo físico está sostenido por un campo electromagnético, o campo de energía, que ocupa el mismo espacio que el cuerpo físico —incluso se extiende por fuera de este— y cuya existencia precede al propio cuerpo físico. Este campo es en realidad la base de todo lo que ocurre a nivel biológico. Si esta estructura está equilibrada, también lo estará nuestro cuerpo físico; si el campo energético se desarmoniza y esa situación se mantiene, empezarán a aparecer los síntomas de las llamadas enfermedades.

El campo energético no es independiente; al contrario, está relacionado con la actividad física del cuerpo, con la actividad mental del cerebro y con las conexiones de la persona con otros campos de energía más sutiles, que podríamos denominar espirituales. Por ello es fácil darse cuenta de que este campo está cambiando continuamente, de que todo lo que hacemos, sentimos o pensamos está modificándolo. Hay veces en que nuestras acciones, emociones o pensamientos lo desarmonizan. Y, de la misma manera, también tenemos la capacidad de actuar conscientemente sobre él para que vuelva a recuperar su equilibrio.

Observar el campo energético nos permite acceder a una información global de nosotros mismos, una información codificada en forma de patrones energéticos, de excesos o carencias de energía en determinados órganos y sistemas. Una información, en definitiva, que nos permite ver cómo nos enfrentamos a los desafíos de la vida, por dónde «se nos va la vida a chorros» y qué es lo que nos permite recuperarla y, de esa manera, recuperar nuestro propio poder.

UN MUNDO DE
¿TRES? DIMENSIONES

Una vez leí la fábula *Planilandia*, de Edwin A. Abbott. Me pareció realmente divertido ver las aventuras de un cuadrado que solo conoce dos dimensiones. Cuando le llevan a Linealandia, el país de una única dimensión, y el cuadrado tiene la oportunidad de conversar con el rey, se queda sorprendido de la aparente «cerrazón» mental del soberano, que distingue a sus súbditos por la distancia a la que se encuentran y que solo entiende que el único movimiento posible es hacia delante. Más tarde, el mismo afortunado habitante de Planilandia tiene ocasión de acceder a la tercera dimensión. Y puede comprender cosas que hasta entonces le parecían «mágicas», como que alguien pudiera saber qué es lo que había dentro de una casa al verlo desde esa nueva dimensión, desde «arriba», o que lo que siempre había percibido como tan solo un punto tal vez era una esfera entera que se apoyaba sobre ese plano.

Muchos de nosotros vivimos en la línea, aferrados a un pasado que ya conocemos y proyectando nuestro futuro desde esa sola información, limitados a un único movimiento hacia delante y muy probablemente instalados en la queja y la crítica por todas las situaciones que vivimos y sobre las que no tenemos ningún tipo de control. Cuando estoy ahí, firmemente sobre la línea, por supuesto, si Mercurio está retrógrado, mejor dejo las conversaciones importantes para otro día (perdón por mi ignorancia en cuanto a astrología), o si la conjunción de hoy no es la más adecuada, mejor no salgo de casa. Es decir, mi vida va a ser absolutamente predecible; va a estar aparentemente determinada por circunstancias externas, y no me daré cuenta de que yo también soy parte de ese cosmos al que le echo la culpa de mi desgracia. Los potenciales están claros y suelen ocurrir las cosas tal y como están «escritas», sin que nosotros podamos, aparentemente, ejercer ningún control sobre ellas.

A esa línea yo la llamo LA MENTE. Es nuestro primer eje de coordenadas, el que estamos más acostumbrados a tener como referencia. Incluye todo lo que hemos aprendido.

Hasta que, en un momento determinado, te das cuenta de que puedes dar un paso hacia un lado. Esto puede ser el resultado de cualquier cosa: una práctica prolongada de yoga o meditación, una conferencia, un libro, un encuentro con una persona, un acontecimiento muy feliz o un accidente muy grave... El universo es infinitamente generoso a la hora de ofrecer oportunidades para aprender. En mi caso, empecé a explorar los cuarzos, el reiki, las técnicas más energéticas. Así se abre un segundo eje. A medida que me voy adentrando en ello muchas veces parece que tiene lugar una separación respecto del mundo de la mente, porque en verdad es difícil entender desde la mente muchos fenómenos que ocurren en esos otros niveles. Desde mi mente científica intento encontrar explicaciones a lo que percibo, pero no puedo. Lo que percibo no tiene posibilidad de ser explicado desde mi conocimiento, desde mi lenguaje, desde mi bagaje intelectual. Lo bueno es que esa sensibilidad que no puedo explicar, y que a veces me incomoda mucho, me ha convertido en una habitante del plano. Ya sé que no solo puedo ir hacia delante o hacia atrás, sino que además puedo ir hacia los lados, y desde allí observar la fila de puntos que forman una línea y que siguen convencidos de que no hay otro camino. Y además me doy cuenta de otra cosa: en el plano rigen unas leyes que no existen para la línea. En el plano tengo más libertad de movimientos (más grados de libertad, diríamos técnicamente): puedo rotar, trasladarme, hacer trayectorias rectas, circulares o las que quiera... La cosa se pone interesante si soy capaz de olvidar, de borrar de mi mente, las limitaciones de la línea, si soy capaz de borrar las leyes de la línea o, como mínimo, de recordar que solo son leyes que rigen esa dimensión de la línea.

A este segundo eje de coordenadas yo lo llamo LA BÚSQUEDA. Esa búsqueda puede tener mil caras, algunas muy cercanas a la mente y otras muy alejadas de esta. Se puede llamar psicología transpersonal, astrología, tarot, eneagrama, calendario maya, espiritualidad...; se puede llamar de mil maneras. Espero que nadie piense que pongo todo esto en el mismo saco; lo que quiero transmitir es que lo importante es que puedo salir de mi cajita de creencias. Si la búsqueda es sincera, «cuando el discípulo está preparado, aparece el maestro». Cualquier cosa que me ayude a darme cuenta de que la vida no es tan lineal me ayudará a salir de mi cajita de creencias. Lo que antes me servía ahora me resulta inútil. Toda información debe servir para proporcionarnos una experiencia que nos permita saltar de la línea al plano o más allá; y una vez dado este salto hay que olvidar esa información, porque si no lo hacemos, corremos el riesgo de aferrarnos a ella y convertirla en una nueva creencia que nos limite en nuestro camino hacia el espacio de infinitas dimensiones.

Y como al universo le gusta el movimiento, cuando ya estoy cómoda, a mis anchas, en el plano, alguien o algo me saca de allá, y me encuentro en otra dimensión más: el espacio. Suelen ser experiencias fuertes, inesperadas, hechos muy sorprendentes que me retiran de golpe de mis creencias, que me muestran algo que está mucho más allá. Al menos en mi caso ha sido así; mis «saltos dimensionales» nunca han sido progresivos, graduales, suaves y agradables, sino más bien experiencias increíbles y muy fuertes (incluso dolorosas en algunos casos) pero que me sacan bruscamente de mi propio sistema de creencias (porque si no salgo de mis creencias, estoy abocada a un sufrimiento inaguantable) y me dejan en un nuevo «limbo» en el que todo está por aprender.

Cuando salto al espacio, que es el tercer eje en nuestra representación, puedo entender muchos fenómenos que parecían «milagros» o «magia» (eso depende del sistema de creencias) y me doy cuenta de que son normales, de que lo único que sucede es que en el espacio rigen otras leyes distintas a las que rigen en el plano. Muchas cosas imposibles se hacen posibles. Muchas informaciones están ahora accesibles para quien ve las cosas «desde arriba», como nuestro cuadrado de Planilandia cuando la esfera lo sube y puede saber lo que está haciendo cada persona en su casa. No es magia; no es algo que nos deba asustar. Sencillamente ha ocurrido que he subido un poquito más en mi nivel de conciencia; ya tengo otro eje de coordenadas que me permite seguir aprendiendo, seguir creciendo, seguir avanzando... siempre que esté dispuesta a eliminar lo que ya aprendí, a «resetear» mi cerebro y a asimilar nuevas leyes, sabiendo que probablemente mañana las tenga que volver a desaprender.

Pero este eje tiene una característica importante, que es la siguiente: cuando empiezo a subir por él, me voy separando cada vez más del plano inicial, del plano que formaban LA MENTE y LA BÚSQUEDA. No se trata de borrarlas, de anularlas, de restarles importancia; pero hay un eje nuevo que explorar, y si quiero conocerlo, tengo que despegarme de la seguridad del plano. Y eso genera mucha ansiedad. La noche oscura de la mente, que me llevó a cambiar mis rutas neuronales de tal manera que durante un tiempo ni siquiera sabía cómo utilizar el cerebro. Cosas que habitualmente hacía con mucha facilidad (cálculos, acudir a la memoria, etc.) se convirtieron en algo dificilísimo; en cambio, cada vez tenía más facilidad para aprehender cosas nuevas. Las mujeres que han vivido esa maravillosa experiencia llamada embarazo probablemente saben a qué me refiero. Al menos en mi caso la borrachera de hormonas en mi cerebro produjo un efecto bastante similar a esa noche oscura de la mente que intento explicar. Aunque el estado de buena esperanza ha sido, para mí, una de las experiencias más gratificantes de mi vida, el funcionamiento de mi mente cambió también de forma drástica. La noche oscura de la mente fue algo muy duro para mí. Como ingeniera, me generó mucha inseguridad. Pero todo pasa, y la mente se vuelve después afilada como un cuchillo, como un embalse que retiene el agua y que cuando es preciso la deja salir con mucha fuerza, lo cual la hace capaz de mover cualquier turbina y de generar toda la electricidad necesaria. Así empieza a funcionar mi mente cuando la dejo en su sitio y no ocupa el lugar principal en mi vida.

El nombre que le he puesto al tercer eje de coordenadas, al eje que permite ver las cosas desde «arriba», es AMOR. Lo engloba y lo eleva todo, no está en contradicción con nada pero lo supera todo, no está sujeto a ninguna de las leyes limitantes de los otros planos. Eso sí es hermoso. Y quién sabe si mañana nuevas experiencias me catapultarán a otra dimensión superior...

Pienso que hay informaciones que nos llevan de la primera dimensión a la segunda y otras de la segunda a la tercera. No importa saber dónde estoy; lo que importa es lo dispuesto que estoy a desaprender lo aprendido, a olvidar lo que creí que era verdad para intentar acceder a una verdad superior. Ojalá podamos olvidar las verdades que aprendemos, porque si no lo hacemos, solamente habremos cambiado una línea por otra. Ojalá nadie memorice las palabras que escribo, porque la información tiene que proporcionarnos experiencia, tiene que permitirnos trascender. En el espacio, es el corazón el que marca los caminos.

Al fin y al cabo, como decía el maestro Paramahansa Yogananda: «¿Cuántas leyes necesitas conocer para sentir que Dios y tú sois uno?».

SISTEMAS DE CREENCIAS

Estamos acostumbrados a regirnos por determinados sistemas de creencias, sistemas que vamos tejiendo desde nuestra más tierna infancia, influenciados por padres, educadores, compañeros de vida, televisores y otros invitados. Considero un buen ejercicio revisar esas creencias cada vez que choco con ellas. Porque ¿qué sucedería si todo lo que hemos considerado como una verdad inamovible durante cientos de años de repente descubriéramos que es falso? Esto ocurrió con los descubrimientos de la «nueva» física. De repente, el espacio y el tiempo dejaron de ser algo fijo e independiente; perdimos la dualidad entre bueno y malo, luz y oscuridad, masculino y femenino, vacío y lleno, para darnos cuenta de que formamos parte de un todo indivisible, interrelacionado, dinámico, donde la creación de las partículas puede tener lugar desde la aparente nada, donde en realidad no existen partículas sino patrones de conexión, donde incluso las fuerzas son intercambios de partículas. En este nuevo mundo que descubrimos, luz más luz puede también dar como resultado oscuridad; es un mundo basado en la unidad, en el movimiento a velocidades increíbles para nuestra mente y, a la vez, en el equilibrio perfecto y en la conexión instantánea entre todos y entre todo; un mundo en que el observador y lo observado son inseparables. Vivimos en un universo holográfico interconectado en el que cada pequeña actuación, cada pensamiento, cada emoción son registrados y afectan al resto del universo.

Es cierto que nos resulta más fácil quedarnos con nuestra idea determinista de que las cosas no dependen de nosotros, de que hay un orden externo que dio ese «impulso» al universo y de que existen unas leyes rígidas que simplemente son así. De esa manera siempre tenemos la excusa de responsabilizar a los demás, a la naturaleza, a la configuración de las estrellas, a lo de fuera, de lo que ocurre en nuestras vidas.

Más difícil es aceptar que yo no soy yo, sino únicamente un cruce de caminos entre informaciones del universo, y que por tanto mi presunta identidad individual o mi separación del resto de la humanidad (o del universo) es tan solo una falacia de mi propia mente, una manera de sobrevivir en un día a día que poco tiene que ver con mi verdadera realidad. Es difícil aceptar esto porque, si lo hago, tengo que aceptar también que nada está escrito ni determinado, que todo son patrones de probabilidad de sucesos, de interacciones, de relaciones, que me permiten elegir diferentes opciones en mi vida, las cuales tienen también consecuencias en el universo entero y a la vez están condicionadas por lo que ocurre fuera (si es que realmente existe «fuera»).

Muchas voces proclaman ahora que todos creamos nuestra propia realidad, que todos estamos a cada instante viviendo lo que hemos creado... A veces me asusto al ver qué realidades tan raras he creado para mí misma en determinados momentos. Confieso que tengo todavía arraigado en mí un patrón de culpa, de tal manera que cada vez que me ocurre algo que juzgo como desagradable pienso. «¿Qué he hecho mal?», y confieso también que eso no me ayuda. Así que tal vez sí creo mi realidad, pero prefiero decir que entre todos creamos realidades que tienen consecuencias para todos.

Otras voces dicen que eso es pura mentira, que es un autoengaño, o un engaño colectivo. Hay que estar también atentos. El autoengaño es algo en lo que caemos muy habitualmente. La pregunta que me permite «escapar de la línea» es: ¿y si fuese así? ¿Cómo cambiaría mi percepción de mí misma, en primer lugar, y después de los demás, del mundo, de todo?

Aunque solo sea como ejercicio, tal vez merece la pena salirse por un momento de la «cajita» mental en la que nos tienen encerrados nuestras creencias y asomarnos a ese nuevo mundo de posibilidades.

La mente no ve las cosas como son en realidad —basta cualquiera de las paradojas o ilusiones ópticas para darnos cuenta de ello—; nos da una visión parcial de la realidad, que no siempre es exacta ni correcta. Cuando a la mente le quitamos las referencias, lo que le han dicho que tiene que ser, todos los conocimientos previos que dicen que «esto es así», nos damos cuenta de que no es cierto. ¿Cuántas veces nos ha ocurrido que nos hemos preguntado: «¿Eso ha estado ahí siempre?»? Hemos aprendido cosas que nos hacen creer que la vida es de una determinada manera. Y tal vez la vida no siempre es de esa determinada manera. Permitámonos pensar que tal vez las cosas son diferentes de como nos las han enseñado, incluso de como las vemos. No tenemos que creernos todo lo que vemos ni todo lo que nos dicen, ni siquiera todo lo que pensamos; no tiene por qué ser cierto. Los sistemas de creencias son, a mi entender, la principal fuente de sufrimiento.

Solo para hacer un breve ejercicio, miremos esta imagen. Nuestra mente se empeña en juzgar: bueno/malo, grande/pequeño, arriba/ 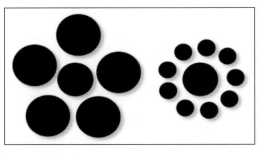 abajo. Y en muchas ocasiones lo hace con una gran seguridad: el círculo central de la derecha es más grande (¡pero mucho más grande!) que el círculo central de la izquierda. Pero miremos bien: ¿lo es? Es muy importante desaprender, dejarlo todo en el cajón de las cosas por confirmar. No creas ni siquiera todo lo que piensas, porque como decía Einstein: «Pensamos menos de lo que creemos y somos pensados más de lo que imaginamos». La mente clasifica; el corazón integra. La mente juzga; el corazón ama. La mayoría de las veces la clave no está en añadir nada nuevo (ni más conocimientos ni más técnicas) sino en quitar lo que sobra, en eliminar las capas de óxido para que asome la belleza, o, como decía Miguel Ángel, en retirar el mármol que sobra hasta que aparezca la escultura, perfecta en sí misma.

UNA DESCRIPCIÓN
DE LA REALIDAD

En un intento de describir la realidad (que siempre será limitador) podemos utilizar cosmogonías diferentes. En este caso, yo utilizo de nuevo mi bagaje cultural. La ciencia clasifica tres elementos básicos como conformadores de la realidad: la materia, la vibración (onda o energía) y la información. Esta explicación que voy a dar a continuación, por tanto, no es exclusivamente mía, sino algo conocido a muchos niveles y que es tan solo la aplicación de una teoría científica al conocimiento del ser humano.

De los tres elementos, la materia nos resulta muy conocida. En realidad es el único del que tenemos conciencia cotidiana, a pesar de que habitualmente pasamos por alto que esa materia que consideramos sólida está formada básicamente por vacío, puesto que la proporción de partículas es ínfima.

El segundo elemento, la energía, también es más o menos cotidiano, sobre todo algunas de sus manifestaciones, como la luz, el calor, las reacciones químicas, los fuegos artificiales y la aparente atracción o repulsión sin motivo alguno que sentimos hacia algunas personas, lugares o cosas.

La información es nuestra gran desconocida. Porque esa información no parece contar con ningún soporte material, ni para existir ni para transmitirse. Según nuestra creencia «newtoniana», la información tiene que estar en algún lugar (y buscamos por ejemplo en qué parte del ADN se encuentra). Sin embargo, tal vez nos acerquemos más a la realidad de la información si nos conectamos al concepto físico de *campo*. Me permito aquí reiterar este concepto, del que he hablado ampliamente en la primera parte, por si algún lector se la saltó, pues es importante para continuar el hilo argumental.

Todos hemos tenido la experiencia de ver cómo a un imán, aparentemente inofensivo, los alfileres se le pegan en cuanto entran en su campo de acción. Este campo es más fuerte cuanto más cerca estemos del imán. Es decir, podemos definir el *campo* como una región del espacio en la cual hay una propiedad diferente (el magnetismo) que hace que si ponemos una partícula (que en este caso debería ser de un material ferromagnético, es decir, un *receptor* adecuado) en su radio de acción, esta partícula va a verse sometida a unas fuerzas (fuerzas magnéticas de atracción). Es interesante recordar que el campo que crea el imán no va a depender del alfiler que le acerquemos, o del objeto que exista o no en su campo de acción. El imán, por su propia esencia, crea ese campo, haya receptor o no lo haya. CAMPO es la primera de mis palabras mágicas. El campo como algo capaz de modificar, por su simple existencia, el entorno, aunque para percibir esos cambios debemos tener un receptor adecuado. Y

RECEPTOR es la segunda de mis palabras mágicas. Porque si no hay un alfiler, puede que confunda un imán con un trozo de plástico o de metal y me quede sin descubrir todo su potencial, sin ver cómo cambia el entorno. Eso no va a alterar ni a afectar en nada al imán, ni a su capacidad de modificar el entorno ni de seguir atrayendo el hierro. Esta connotación es interesante, porque toda la materia, incluidos nosotros, podemos considerarnos como «imanes», en el sentido de que modificamos el entorno en el que estamos con nuestra información. Pero lo que somos no varía en función de la valoración que los demás hagan de ello.

Ocurre lo mismo con las cargas eléctricas, por ejemplo. Un electrón, que es una partícula subatómica con carga negativa, allá donde esté, haya alguien más o no junto a él, modifica el entorno que lo rodea. Solo nos daremos cuenta de ello cuando acerquemos un receptor adecuado, en este caso otra partícula eléctrica, a él, ya sea porque generará fuerzas de atracción o porque las generará de repulsión. Pero no depende de que exista nada más allá; sencillamente, el electrón tiene esa propiedad, como toda la materia tiene la propiedad de «curvar» el espacio-tiempo a su alrededor (y la gravedad es el efecto de la geometría curva del espacio-tiempo).

En ese campo es donde, de alguna manera, está grabada la información de cómo son las cosas, la realidad de lo que es esa partícula, ese imán, ese ser. El campo sería una aproximación a esa información capaz de expresarse y de transformar.

Uno de los aspectos fascinantes de la información es que, al no tener un soporte físico, al no estar contenida en el interior de nada, en realidad la podemos encontrar en todas partes. En el cuerpo eso lo tenemos claro; de hecho, ya sabemos que se puede clonar un organismo entero a partir de la información del ADN de una sola célula. Y conocemos perfectamente los mapas reflejos (en el iris, en los pies, en el colon, en la cara, en la oreja...); en todas y cada una de las partes de nuestro cuerpo hay información acerca de cómo están funcionando el resto de las partes del cuerpo. Este hecho fascinante se suele describir como el concepto holográfico de las ondas y, en general, del universo: la información del todo está en cada una de las partes. Los antiguos se referían a ello con la idea de la red de Indra, en la que hay perlas ordenadas de tal forma que si ves una, ves todas las demás reflejadas en ella.

Desde esa manera de entender las cosas, podemos intentar hacer un acercamiento a entender el universo a partir del hombre. Es decir, podemos intentar encontrar un nuevo modelo de hombre que nos permita comprender quiénes somos. Porque si podemos dar respuesta a eso, por esa esencia holográfica podremos dar respuesta a todo el universo. Probablemente también funcione al revés: podemos intentar entender el universo para comprobar si eso nos ayuda a conocernos a nosotros mismos, pero, francamente, me parece un camino bastante complicado ¡y largo!

Un holograma es un buen ejemplo para explicar este concepto, que, por otro lado, forma parte de cosmogonías como la hindú, en la que se habla del concepto de *maya*, de una percepción ilusoria de separación e individualidad. La realidad se convierte entonces en una ilusión, mientras que la verdadera realidad permanece en una matriz holográfica donde no hay pasado ni futuro, ni distancia ni separación. Las implicaciones que eso tiene en el ámbito científico son inmensas. Pero también lo son por lo que se refiere al ser humano. Nuestra cultura se basa en la individualidad, en la existencia de amigos y enemigos, en la dualidad. Desde que la medicina se alió con la óptica y se empezaron a estudiar las células, aparecieron también los patógenos: los enemigos a los que hay que batir. La enfermedad es algo contra lo que hay que luchar, y mientras no aparezca no nos preocupamos de nada. Eso choca frontalmente con el concepto de las medicinas tradicionales orientales, que están enfocadas en mantener la salud y el equilibrio global del ser humano. Si existe una matriz que conforma el universo entero (nosotros incluidos) indivisible, en la que no existe el tiempo ni el espacio, toda nuestra percepción de la dualidad se convierte en un sinsentido. Podemos hacer una analogía con los dedos de las manos: uno puede percibirse a sí mismo como una unidad independiente, puede moverse libremente y ejecutar tareas diversas, pero si miramos desde un poco más lejos, nos damos cuenta de que los dedos de las manos no están separados, sino que forman parte de la misma unidad, del mismo organismo.

Si unimos el concepto de holograma al de campo y receptor, todo empieza a tomar coherencia. Como señalé anteriormente, hay un refrán que dice: «Cada uno cuenta la feria según le va en ella». De alguna manera, ese es el significado que yo entiendo también. La realidad no es como es, porque no existe una única realidad. Cada uno vive una realidad propia, con determinados puntos compartidos, porque cada uno es un receptor diferente que extrae unos patrones de interferencia distintos con los cuales construye su realidad. En momentos de crisis tan importantes como los que estamos viviendo en estos años, eso es más que evidente. Uno oye hablar a varias personas y da la sensación de que viven no solo realidades diferentes, sino en planetas diferentes. Mientras que unos están afrontando tiempos desafiantes en los que todo es difícil y hay demasiados límites, para otros la realidad es absolutamente sorprendente y maravillosa, y hay otros que no parecen percibir ningún cambio. Siempre me ha sorprendido ver cuántas ciudades diferentes conviven en una misma ciudad. Cada uno es un receptor sintonizado a un canal. Algunos insisten en instalarse en el canal de la queja y la crítica, y otros en el del agradecimiento y la alabanza. Por supuesto, viven en planetas diferentes.

Si la estructura física aparente del cuerpo es una proyección holográfica de la conciencia, eso significa que somos mucho más responsables de nuestra propia salud de lo que hasta ahora hemos considerado, y los fenómenos de curación espontánea serían algo habitual.

UN MODELO DE HOMBRE

Podemos entender esos tres niveles de realidad en el hombre. Por un lado tenemos una estructura física, la que conocemos más de cerca, a la que estamos más habituados: nuestra materia, nuestro cuerpo físico. Visto desde la perspectiva cuántica, la materia no es más que otra manifestación de la energía. Y, por tanto, ese nivel con el que tanto nos identificamos es solo una «coagulación» de otro nivel aparentemente invisible.

El segundo nivel es la energía, la vibración, la onda; no importa el nombre. Es la base sobre la que se colapsa la partícula. Es otra manifestación de nuestro propio ser, con la característica de que se trata simplemente de dos maneras de verlo; no son excluyentes, sino que coexisten a la vez.

Hasta ahí, el salto para nuestra mente no es demasiado grande. Casi todos, en algún momento, hemos percibido esa energía, en forma de algo que nos hace sentir bien cuando llegamos a un lugar o que hace que una persona nos resulte agradable o no. A veces uno está en la oficina y entra alguien e inmediatamente la energía se pone tensa. O, al revés, de repente entra alguien y todo se relaja. Muchos (¿todos?) notamos cómo los lugares donde hay gente con dificultades se vuelven más «densos», y cómo en los lugares donde se medita habitualmente es más fácil concentrarse... Es el fascinante mundo de la energía.

A veces hemos oído hablar o leído acerca de diferentes cuerpos: de dentro hacia fuera podríamos nombrar el cuerpo físico, el etérico, el emocional, el mental, el espiritual... De nuevo, diferentes cosmogonías ponen distintos nombres a diferentes estructuras, de modo que podamos ir conociendo más sobre nosotros mismos.

Y en este punto entra en escena el tercer elemento, la información. Esa que está almacenada en algún lugar y que hace que cuando crezco siga manteniendo la mayor parte de los rasgos que me identifican; la que hace que las células de mi piel, aunque solo duren dos semanas, aunque sean nuevas, nazcan ya con arrugas; la que hace que una célula del hígado sea siempre una célula del hígado. Además, sabemos que es holográfica, es decir, que la información de todo el ser está en cada una de sus partes.

Entender esta triple realidad puede parecer una tontería, y sin embargo no lo es. Cuando comprendí el concepto de campo de información, descubrí por qué hay cosas que los humanos hemos intentado copiar de la naturaleza y que no funcionan como se supone que deberían hacerlo. Entendí la gran diferencia entre un medicamento de origen vegetal (que tendrá los tres niveles) y uno de síntesis (que tiene el nivel estructural, pero no el de la información). Y lo mismo ocurre por ejemplo con los abonos, que químicamente pueden ser iguales pero que si son artificiales acaban desertizando la tierra.

No podemos perder de vista que esto que explico es tan solo un modelo que se supone que me puede ayudar a entender, es decir, un recurso pedagógico que utilizo para poder explicar determinadas experiencias. Pero no debe convertirse en un dogma de fe, ni mucho menos puede entrar en conflicto con ningún otro conocimiento. Los modelos son solo eso: modelos, formas con las que intentamos describir determinadas partes de la realidad. Es lo único que podemos hacer desde la ciencia: elaborar modelos y, con suerte, esperar que esos modelos nos permitan hacer predicciones más o menos certeras.

Comencemos con el primer nivel: el que llamamos CUERPO FÍSICO. Está formado por células, que se agrupan formando tejidos, que a su vez forman órganos, los cuales se organizan como sistemas. Lo conocemos estupendamente bien porque lo vemos todos los días (al menos su parte exterior). ¿O no tan bien? ¿Sabes (sin haber leído mi blog) que solo el diez por ciento de las células de nuestro cuerpo son células «humanas»? Y ¿sabes qué células son el noventa por ciento restante? Adivínalo... Son algo a lo que le echamos la culpa de (casi) todas las enfermedades, algo contra lo que estamos siempre luchando y, si es posible, lo destruimos. Son bacterias. Y sus virus correspondientes. Interesante. En nuestra mentalidad «separatista» resulta que invertimos una barbaridad de dinero en luchar contra las bacterias cuando resulta que son ¡el noventa por ciento de nuestro cuerpo! Claro que como son tan pequeñas ocupan poco, creo que unos dos kilos del peso de un adulto. Pero habitan en todos nuestros conductos, nuestras estructuras. Es como si las células humanas formaran la estructura de una ciudad, mientras que las bacterias serían los habitantes. Y en lugar de darnos cuenta de que lo interesante es que estemos en equilibrio, intentamos por todos los medios eliminarlas. No somos conscientes de que al eliminar a nuestros «enemigos» los daños colaterales son que eliminamos también a nuestros «amigos». Porque sin bacterias no es posible la vida, ni la humana, ni la animal, ni la vegetal. Sin bacterias no habría nitrógeno fijado para poder construir moléculas (como los aminoácidos que forman las proteínas o los ácidos nucleicos que forman el ADN). Es curiosa la manera de hacer las cosas que tenemos los humanos. En nuestro afán de separarnos, de autodefinirnos, de diferenciarnos, perdemos el sentido de lo holístico, de la unidad, del equilibrio. Y en lugar de buscar el equilibrio en nuestro ecosistema, para que tanto las estructuras como los habitantes estén en paz, nos dedicamos a declarar la guerra a los presuntos enemigos, sin ser conscientes de que ¡ellos son nosotros!

El cuerpo físico está sometido a las leyes del espacio y el tiempo, y su desarrollo es en una sola dirección. Está sujeto también a la ley de la causalidad. Si entro en una mina de carbón, probablemente me mancharé de negro. Y si me acerco una cerilla lo suficiente, me quemaré. Sé que parecen obviedades, pero tal vez no siempre lo sean. Al menos, en mi entorno he escuchado un montón de veces algo que yo llamo confundir los planos. Pero ya volveré sobre esto más adelante.

En segundo lugar tenemos la ESTRUCTURA ENERGÉTICA, a la que también nos referimos con infinidad de nombres:

campo bioplásmico, campo energético humano, campo electromagnético humano (aunque no toda la energía que tenemos es electromagnética; tan solo lo es una pequeña parte) y, sobre todo, es conocido con el nombre de aura. Es la contraparte del cuerpo físico; lo nutre y a la vez lo protege del entorno. Se forma antes que el cuerpo físico; es la matriz sobre la que este se construye. Tiene un componente electromagnético (que es medible) y otros componentes de otros tipos de energía, probablemente escalar —por ejemplo, el cuerpo etérico (y otros cuantos cuerpos más que se nombran en otros modelos)—. Algunos de estos campos energéticos están más cercanos al electromagnético o al físico, más «densos»; pero otras partes u otros componentes son más sutiles. El campo energético interpenetra el cuerpo físico y se extiende más allá de él; y cuanto más cercano está al cuerpo físico, más fácilmente se puede percibir. Por ejemplo, podemos hacer el clásico ejercicio de frotarnos las manos y luego alejarlas y acercarlas lentamente (sin que se lleguen a tocar). Notaremos una especie de «esponja» o sensación de dificultad al acercarlas, sutil pero real; estaremos percibiendo la propia energía que habremos generado.

La principal diferencia entre la estructura energética y el cuerpo físico es la velocidad del cambio. Ambos están continuamente cambiando, pero la estructura energética lo hace muy deprisa. Todos hemos visto cómo los bebés (y algunos adultos) pasan de la risa al llanto en fracciones de segundo: eso es un cambio de una configuración energética a otra en un instante. El cuerpo energético ya no está sometido a un espacio-tiempo unidireccional, sino que puede desplazarse a través del espacio y el tiempo. Sabemos que existe la posibilidad de hacer viajes astrales, en los cuales nos desplazamos en conciencia a otros lugares o a otros tiempos. También existen las proyecciones, en las que nos movemos por la línea del tiempo para ver un futuro potencial. Además, en este cuerpo está el registro de las experiencias que hemos vivido; todas quedan grabadas en él. Por eso no es tan extraño que algunas personas puedan acceder directamente a la información que está allí almacenada y «leerla», y contarnos qué nos ha sucedido en nuestra vida... De hecho, la estructura energética refleja fielmente cómo estamos, cómo hemos vivido, lo que hemos aprendido y lo que nos queda por aprender.

Es como en las películas del oeste en las que los indios rastreadores podían saber cuántos hombres habían pasado, y cuándo...; la información está ahí, solo hay que saber leerla. Así pues, todo lo que nos ocurre en nuestra vida, todas las interacciones, los desafíos, las vivencias, los encuentros y desencuentros, los aprendizajes, todo queda registrado en ese campo energético. Es lo que algunos llaman el alma, el registro de todas las experiencias que hemos vivido. Eso es lo que permite hacer un «diagnóstico del alma» a través de la imagen del campo energético o aura.

Todo lo que hacemos, todo lo que sentimos, todo lo que pensamos, las personas con las que interactuamos modifican continuamente ese campo. A veces lo hacen de manera constructiva (no olvidemos que todo lo que existe son patrones energéticos). Cuando ocurre esto, la suma de las dos partes da un resultado mayor que cada una de ellas (nuestro campo se hace fuerte).

Pero en otras ocasiones lo hacen de manera destructiva (es decir, el resultado debilita el campo, llegando incluso a anularlo). ¡Ese es el mundo de las ondas! Por eso, a veces, cuando estamos al lado de determinadas personas sentimos como si «nos chuparan la vida»; o, al revés, de repente sentimos una paz y un bienestar desconocidos. Todo depende de quién tenga el campo más fuerte. Si el desequilibrio externo es más fuerte que mi equilibrio, me desequilibraré. Por eso, al final, las relaciones que establecemos son tan importantes. Porque nos van a ayudar (o no) a mantener nuestro equilibrio. Si deseamos llevar una vida de equilibrio y paz y nos empeñamos en frecuentar determinados lugares llenos de ruido y contaminación de todo tipo, es difícil que consigamos nuestro objetivo. En cambio, si nos rodeamos de un ambiente adecuado y de personas que tengan ese mismo deseo (mejor aún si ya han lo han conseguido), tendremos muchas más posibilidades de triunfar en nuestro intento.

Desde el entendimiento de las ondas y su coherencia es muy fácil comprender por qué en determinadas circunstancias me encuentro con personas o lugares que me dejan exhausta. Su energía y la mía están vibrando de forma que generan una interferencia destructiva. No se trata de que tengan «mala energía»; ocurre que, en ese momento, mi patrón vibratorio y el suyo no son coherentes, están invertidos, y la energía de los dos se anula. Otras veces, la energía de los dos se multiplica. Eso solo significa que en ese momento esa interacción es beneficiosa para mí.

Todo esto no implica ninguna valoración personal. Lo hermoso de la energía es que no juzga. En un mundo cuántico basado en las interacciones energéticas, no existe lo bueno o lo malo; solo hay interacciones que nos armonizan o que no lo hacen.

Los desequilibrios energéticos producen dificultades o cambios en la funcionalidad del cuerpo. Esto es la antesala de las lesiones y de las enfermedades. Los órganos tal vez no están dañados, pero no funcionan correctamente. Esta comprensión es la base de la importantísima capacidad de diagnóstico preventivo a través de los campos energéticos.

El tercer nivel es la INFORMACIÓN, «lo que da la forma». Son los códigos que dirigen la energía, lo que dice cómo se tienen que hacer las cosas. Este nivel ya no está regido por el espacio-tiempo, sino que se halla en la dimensión donde todo sucede simultáneamente. Es el reino de la magia (de todo aquello para lo que todavía no hemos encontrado una explicación científica). Es el reino donde todo es posible.

Para mí el descubrimiento de este tercer elemento, la información, fue clave. ¿Por qué? Porque vivimos totalmente inmersos en campos de información, campos que, la mayoría de las veces, ¡son falsos! Recuerdo cuando me marché de España a vivir a Cali. Me marché dejando un yogur de marca conocida que era capaz de no hacernos engordar y de regular el tránsito intestinal. Cuando regresé, dos años después, el yogur ¡había aprendido a eliminar el colesterol, a mejorar el sistema inmunológico, a regular la tensión arterial y no sé cuántas cosas más! Y lo peor de todo es que nos lo creemos.

Obviamente este comentario es solo para que te hagas una idea de cómo las informaciones que nos llegan a través de la publicidad, de los medios de comunicación, etcétera, habitualmente están llenas de imprecisiones, por no decir de mentiras. Pero casi nadie se preocupa de leer la letra pequeña ni de cotejar la información para ver si realmente es cierta. Me sorprende la credulidad humana en determinados temas.

Solo hace falta que alguien que asegura ser biólogo participe en un anuncio para que todos digamos: «Ah, sí, hay que eliminar todas las bacterias de la cocina», y nos obsesionemos con la higiene. Todo debe tener su justa medida. La higiene es la base de la mejora de las condiciones de salud, pero un exceso de desinfección en todas las circunstancias también puede ser perjudicial. ¡Tenemos un maravilloso cuerpo lleno de mecanismos reguladores de todo tipo! Si siempre le damos el trabajo hecho, se volverá «perezoso» y se olvidará de cómo se hace... Ya sabemos que una de las consecuencias de la ley de la evolución es que «lo que no se usa se pierde».

La información proviene de muchas fuentes. En primer lugar tenemos una información primordial, arquetípica, acerca de quiénes somos, para qué estamos aquí, cuál es «nuestra misión» en el mundo: esa información esencial que emana del Ser.

Pero esta información está sujeta a las influencias del entorno: de la familia, de la educación, del inconsciente colectivo del país, de la religión, del sexo, de ¡tantas cosas! A lo largo de muchos años, los sistemas educativos nos repiten lo que se puede y lo que no se puede hacer. La mente se empieza a «amueblar», desarrollamos un pensamiento «lógico» (y normalmente poco creativo), nos llenamos de creencias. Eso es la educación; dejamos de ser «pequeños salvajes» y empezamos a comportarnos de manera civilizada, de modo que respondemos a lo que la sociedad cree que está bien o, al menos, a lo que creemos que nos dicen que tenemos que hacer.

Es algo realmente complejo. Detrás de cada sufrimiento hay una creencia. Nuestra mente se llena de normas, de nociones acerca de lo que está bien y lo que está mal, y luego nos pasamos la vida cotejando cada acontecimiento con las referencias que hemos construido. Si encajan, tenemos motivos para ser felices. Si no encajan, sufrimos. Así que para no sufrir lo mejor es no juzgar. Y para no juzgar lo único posible es no tener en la mente estructuras tan rígidas que nos hagan estar diciendo a cada momento «esto está bien» o «esto está mal». Eso no nos va a hacer más indolentes; no es una manera de justificarlo todo, de admitir que todo vale. No. La coherencia de vida —vivir según uno cree y siente que tiene que hacerlo— es, para mí, la única clave para poder evolucionar. Pero las creencias nos hacen mucho daño. Solo un pequeño apunte: ante cualquier situación que te esté haciendo sufrir, piensa si hay otra cultura en la que eso sea normal. Si la respuesta es que sí, eso significa que se trata de una simple creencia, una creencia que te está generando duda, miedo o simplemente dolor.

Como nuestra información está tan interferida, tan manipulada, tan sobrescrita con nuevas informaciones, apenas se reconoce la melodía propia de cada uno. Y sabemos que, para que llegue a convertirse en una verdad, solo hay que repetir la información un número suficiente de veces de la manera adecuada. Cuando se interfiere en la información que tenemos en nuestro cuerpo, se producen conflictos de pensamientos, de emociones o de acciones, que si se mantienen en el tiempo darán lugar a disfunciones y al consiguiente daño físico; sobre todo darán lugar a mucho sufrimiento, el cual es, en el fondo, la causa del desequilibrio de todos los sistemas. Así que tal vez lo que llamamos salud comienza por una información adecuada en nuestro ser.

Pero ¿por qué unos captan unas informaciones y otros captan otras? ¿Por qué, aun viviendo en el mismo lugar, cada uno percibe la realidad de una manera? Decía anteriormente que la energía se convierte en materia cuando existe un receptor adecuado. Como en el caso de un televisor, yo elijo el canal que deseo ver. Puede ser que mi receptor esté en Linealandia, tan «atascado» que solo me permita ver un canal. Eso no significa que el resto no existan; simplemente no sé cómo acceder a ellos. Las ondas están todas ahí, todas a la vez, en el mismo lugar en el mismo tiempo (o, mejor dicho, fuera de todo lugar y de todo tiempo), y según cómo esté mi receptor puedo captar una u otra.

No hace mucho estaba charlando con una amiga. Me contó que fue con dos conocidos sanadores a un lugar energéticamente muy fuerte, donde hay unos antiguos dólmenes. Resultó que se sintió atraída hacia un dolmen, y se quedó allí un momento disfrutando de lo que percibía como una energía poderosa y reconfortante. Inmediatamente uno de los sanadores le gritó:

—Sal de ahí, sal; ¿no ves que hay una entidad muy oscura en ese lugar?

Ella me comentaba un poco asustada que no se había dado cuenta. Le preocupaba haber percibido la energía como algo tan bello mientras que, en cambio, otra persona había estado percibiendo una energía muy poco agradable. Pero así es la realidad. Probablemente ambas cosas estaban sucediendo simultáneamente, pero cada uno está sintonizado a su propio canal. De alguna manera, como dice el refrán: «Pon amor en todo lo que haces y lo encontrarás en todo lo que acontece». Las personas que no tienen maldad en sí mismas son incapaces de ver la maldad en los demás. El que no es manipulador no se puede explicar por qué un manipulador actúa como lo hace.

Es más, según como sea el receptor, pueden producirse incluso «milagros». Me explico: si emito una luz con mi puntero láser, no la veré hasta que se encuentre con un receptor (por ejemplo, la pared). Entonces veré un punto rojo, que me indicará la presencia del rayo. Pero si mi receptor no es una pared sino una bola de cuarzo, resulta que se iluminará entera, y lo que yo percibiré (y los demás también) del rayo ya no será un punto, sino algo mucho más grande, que ocupará un espacio mayor e iluminará más. Y si el receptor fuese una fibra óptica, podría ocurrir incluso algo más sorprendente: ¡podría torcer la luz, hacerla girar!; podría aparentemente desafiar esa ley que dice que la luz solo se transmite en línea recta. La cuestión no está entonces en la información ni en la energía, sino en el receptor.

La gran pregunta aquí sería: ¿y cómo lo hacemos para recuperar la información esencial? Sobre todo porque a veces estamos demasiado perdidos; hemos ido olvidando quiénes somos y ya no sabemos qué hacer.

Durante un tiempo fui una gran consumidora de todas las tendencias espirituales que pudieran existir en el mercado. Hablo en estos términos porque en mi experiencia eso es lo que ocurrió. Había un curso que prometía algo, costaba tanto dinero, lo pagaba e iba. Hice eso muchas veces, pero no obtuve los resultados esperados. En esa época solamente fui cambiando unas creencias por otras. Sin embargo, no sentía que estuviera más cerca de «mi verdad». Es cierto que cada uno tiene su propia manera de llegar a los mismos lugares, que existen mil caminos para llegar a Roma. Yo comparto con vosotros el mío.

A muchas personas les da alergia la palabra «Dios», y más si se mezcla en un texto con datos presuntamente científicos. Hay muchos otros términos para expresar esa misma idea que yo llamo Dios: la Energía, el Uno, el Ser Superior, Todo lo que Es, etcétera. Sin embargo, no puedo hablar de mí sin hablar de Dios. Desde pequeña siempre lo busqué, siempre quise estar en comunión con Él. En realidad, siempre lo extrañé, lo eché de menos. Lo busqué por caminos corrientes. Lo encontré y también lo perdí. Y lo busqué por caminos extraños. Y también lo encontré y lo perdí. Pasé temporadas despistada, temporadas de rebeldía, otras en las que la búsqueda era lo único importante en mi vida; me enojé, lloré, me perdí... Busqué, busqué y busqué; me inicié en casi todo lo que llegó a mis manos..., hasta que un día apareció el maestro. Y me dijo:

—La única diferencia entre tú y yo es que yo hice el trabajo. Te llevaré de la mano hasta Él.

Entonces entendí que el trabajo es de cada uno; entendí esa máxima que dice, más o menos textualmente: «Ora consciente de que todo depende de Dios, pero trabaja como si todo dependiera de ti».

Para mí no hay otro camino que el del vaciado. Eliminar todo lo que sobra, como hacen los escultores, para que aparezca la obra de arte que soy. Vaciar la mente, las creencias, las expectativas; vaciarme de la propia sensación de ser algo o alguien independiente de los demás. Vaciarme de toda palabra, vaciarme de todo hasta ser tan solo un recipiente... Entonces, cuando alguien se ponga frente a mí, podré contenerle realmente. Sabré que lo que siento es parte de la relación que hemos establecido. Mis propios pensamientos no distorsionarán la realidad de lo que estoy percibiendo, y por fin habrá claridad en mi vida; podré ver la realidad tal cual es, no como mi mente me dice que es. Seré capaz de reconocer la unidad de todo lo que existe. Seré capaz de escuchar el sonido de la creación. Seré capaz de fundirme a cada instante con la inmensidad del Todo, porque ya no estaré pendiente de mi pequeña parte. No es una cuestión de huir de mi cuerpo, sino de expandirme hasta ser una con todo.

Somos seres de luz. A estas alturas ya nadie lo duda. Lo somos en un lenguaje espiritual y también lo somos en un lenguaje científico. Para mí, uno de los aspectos más interesantes de esta «codificación» o modelo del hombre es que me permite entender más cosas. Por ejemplo, la medicina convencional trabaja con la estructura del cuerpo físico (con medicamentos, intervenciones quirúrgicas...), con la parte energética de este cuerpo físico (el metabolismo, el ATP...) y poco más. La acupuntura trabaja sobre la estructura del cuerpo energético (los meridianos); las flores de Bach y la radiónica son información que cambia la información; la homeopatía, información que cambia la estructura física..., y así podríamos seguir «clasificando» los distintos sistemas terapéuticos.

Pero no perdamos de vista cuál era el punto de partida. El origen de todo esto es llegar a saber quién soy. Imaginemos que tenemos a Jaime, que un día, tal vez cansado de que las cosas no le salgan como quería, llega a preguntarse:

—Pero ¿quién soy yo en realidad? ¿Cuál es mi misión en el mundo? ¿Qué se supone que tengo que hacer?

E imaginemos que una voz en *off* le dice:

—Esta bolita de plastilina es tu vida. Y con ella tienes que construir un hexaedro.

—Ah, ¡genial!; ya sé. Tengo que construir un hexaedro. Aunque la verdad es que no me acuerdo muy bien de cómo es un hexaedro. A ver, pensemos: *hexa* viene de seis... ¡Ah!, pues es fácil: tengo que hacer un polígono de seis lados.

Y Jaime agarra su vida y comienza a construir un polígono de seis lados, según lo que los campos de información a los que ha accedido le han dicho.

(Permitidme un inciso. Tenemos de nuevo los tres elementos:

> La plastilina –la materia–,
> El niño que modela la plastilina –la energía– y
> La idea que el niño tiene de lo que es un hexaedro –la información.)

Pero para su sorpresa, no encaja, nada encaja, aunque se supone que lo está haciendo bien... Finalmente, cansado de hacerse daño, va a un terapeuta.

Así es en nuestra vida: tenemos una información (muchas veces llena de incorrecciones) con la cual construimos nuestra propia vida, incluso nuestro propio cuerpo, que empieza a manifestar síntomas. Y cuando nos damos cuenta de ello y nos hemos cansado de sufrir, podemos intentar solucionarlo de diferentes maneras:

> Desde la materia: puedo directamente tomar la plastilina y modificarle la forma para que sea un hexaedro.

Pero cada vez que Jaime lo mire de nuevo y no coincida con su propia creencia, dirá: «No, eso está mal», y volverá a hacer un hexágono (y además pensará que ha malgastado el tiempo y el dinero en ese terapeuta que no se entera de nada).

> Desde la energía: puedo tomar las manos del niño y ayudarle a modificar la forma. Pero cuando le suelte las manos, volverá a cambiarle la forma. Tendría que repetirlo suficientes veces (de la manera adecuada) para que Jaime llegase a asimilar que lo que él creía que era no es.

> Desde la información: puedo enseñarle que eso no es un hexaedro. Como seguramente no me creerá de entrada, puedo acudir a Wikipedia y mostrarle la definición que da de hexaedro. Y como lo dirá Wikipedia, lo asumirá como verdad. Entonces él mismo podrá utilizar sus manos para construirlo, o pedirle a alguien que le ayude.

¿Qué sistema crees que dará mejor resultado? Y ante un síntoma, ¿qué sistema elegimos?

SALUD Y ENFERMEDAD

A medida que se van teniendo más experiencias conscientes de vida, uno puede ir aprendiendo más fácilmente las lecciones que entraña cada síntoma o malestar. No creo que haya una ley matemática que se cumpla para todo el mundo, sino que la misma enfermedad puede ser causada por factores muy diferentes en distintas personas, ya que la misma situación es asimilada de manera particular por cada uno. Sin embargo, lo que sí es evidente es que tras cada malestar hay una causa, y ya no podemos cerrar los ojos ante la realidad de que somos en parte responsables de ello, aunque uno normalmente no se da cuenta de los síntomas hasta que ya se han manifestado. Por tanto, no se trata de culpabilizarse ni de obsesionarse, sino de observar y aprender, en la medida de lo posible. Y aprender no siempre significa entender. Hay tipos de saber que no son meramente intelectuales; hay lecciones que aprendemos aunque no sepamos expresarlo racionalmente.

Si hacemos el recorrido de nuestro modelo de hombre desde la materia, la energía y la información para llegar al Ser, al vacío cuántico, allí donde «todos somos uno», la enfermedad solo podrá surgir de la falta de conciencia de ese último nivel, de la ignorancia de la unidad básica de todo, del hecho de ir en contra del principio de intención pura sobre el que se basa todo lo que existe. ¿Y por qué tendríamos que hacer eso? Por el libre albedrío que nos permite explorar posibilidades, para luego darnos cuenta de que en realidad todos somos uno. Cuando no sigo el principio básico de la unidad, lo primero que ocurre es que entro en la dualidad, en una intención de predominio, en juicios (algo tan típico de la mente humana), y como consecuencia pueden ocurrir dos cosas: siento apego o experimento rechazo. Cualquiera de las dos me va a llevar a una lucha. Y eso es lo que llamamos estrés. Empiezo a generar pensamientos, emociones y acciones en desequilibrio que no permiten la autorregulación en ninguno de los tres niveles de mi ser (ni la homeostasis del cuerpo físico, ni la homeokinesis del cuerpo energético, ni la conciencia de la información).

Según Hans Selye, el estrés es a una persona lo que la economía de guerra a un país: nadie puede estar demasiado tiempo en ella sin acabar sucumbiendo. En una economía de guerra todo se invierte en armamento, las estructuras empiezan a destruirse por los ataques y no se reconstruyen porque no hay recursos, la población es diezmada, sufren los más débiles, se generan epidemias... En nuestro cuerpo ocurre lo mismo: la parte «masculina» toma el poder, se disparan los procesos del sistema nervioso simpático —como herencia de nuestra historia como cazadores—, nuestra adrenalina se eleva y comienza la batalla. No importa si la genética es maravillosa; acabará destruida.

Por eso no se trata de combatir, sino de liberar; no se trata de luchar contra ninguna enfermedad, sino de recuperar la salud.

La dificultad está en que al romperse el equilibrio entre la vigilia y el descanso el sistema no se puede recuperar. Y, para colmo, le damos medicamentos que anulan los síntomas y nos permiten seguir con una «vida normal». Pero eso poco a poco va acabando con la estructura, porque el cuerpo necesita descansar; necesitamos dedicar tiempo a «no hacer nada», a ver pasar las nubes, a contemplar, a meditar, a no pensar... De eso puede depender nuestra vida: de que recuperemos la dignidad de saber que tenemos derecho a estar «enfermos», porque esa es la respuesta de nuestro cuerpo a un desafío que se plantea. Y ese desafío, si nos permitimos vivirlo, nos va a llevar a un estado mayor de conciencia, nos va a permitir crecer. Al fin y al cabo, lo único que tenemos que hacer es crecer (además, es inevitable).

Quizás no se trate tanto de clasificar una hepatitis como A, B o C, sino de darnos cuenta de que tenemos un desafío del que podemos aprender. Tal vez entonces no necesitemos de tantas pruebas de laboratorio, sino de alguien que haya atravesado el infierno, haya regresado y esté dispuesto a acompañarnos. O tal vez necesitemos a una comadrona que esté preparada para asistir a ese nuevo nacimiento que significa toda sanación.

Estoy hablando de volver a una concepción holística del hombre, en medio de una sociedad que se esfuerza por clasificarlo y sistematizarlo todo hasta límites insensatos. Se trata de volver a entender al hombre como una unidad y, además, como una unidad en medio de un universo del cual no lo podemos separar como normalmente hacemos...

El doctor Bach decía que toda persona que tiene algún tipo de malestar está enferma, y que la única enfermedad es la ignorancia. Recuperar el principio de unidad, recuperar la conciencia (darnos cuenta) de quiénes somos es recuperar la salud. Eso no es algo que dependa de fuera, sino de dentro. Nada es de fuera. Todo es siempre mío. Observador y realidad observada no se pueden separar.

La salud es armonía, armonía integral del Ser, manifestada a través de todas nuestras dimensiones. El camino hacia ella es también el camino hacia la propia impecabilidad, hacia la coherencia personal. Aquello que reconstruye el campo de energía humano nos aporta salud y previene las enfermedades. ¿Y si recuperamos la intención de mantener la salud en lugar de luchar contra las enfermedades?

La salud entonces se manifiesta en los tres niveles: en un cuerpo físico sin lesiones, en un campo energético armónico y en una información acorde a ese principio de intención pura. Pero, sobre todo, la salud se manifiesta como paz y gozo del alma, como una conciencia de saber que «todo está bien».

Diferentes terapias inciden en diferentes realidades del ser. Por ejemplo, las plantas pueden aportar estructura (como alimentos), energía o información (como medicamentos). La homeopatía proporciona información al cuerpo físico. La acupuntura provee de información al campo energético. Las esencias florales suministran información al campo de información.

Por eso hay tantas técnicas, y cada una de ellas desempeña su función.

Sin embargo, tal vez las técnicas sean solo una ayuda para que puedan tener lugar otros procesos. ¿Recuerdas la definición de *campo*? ¿El imán que simplemente por estar, por ser, modifica el entorno? ¿Y si pudiéramos explicar el amor de esa misma manera? Pensemos por un momento que el amor no depende de nada de fuera, que es sencillamente nuestra naturaleza esencial. Yo soy amor; por eso a mi alrededor el espacio se ve modificado por esa realidad. Independientemente de si hay alguien o no en mi campo, yo sigo modificándolo, continúo emitiendo la esencia de lo que soy. No depende de que venga alguien a «enamorarme», ni siquiera de que exista algo «digno de ser amado». Yo sigo amando, porque eso es lo que soy, porque es lo que queda cuando quito todo lo que sobra en mí, todo lo que no soy realmente yo. Como cuando una flor exhala su aroma, aunque nadie lo esté oliendo. Entonces puedo entender que amar es dar, solo dar, siempre, y por qué al lado de determinadas personas uno «se sana»: porque el campo modificado por el amor de ese ser es tan coherente, tan ordenado, tan objetivo, tan despierto que provoca esos cambios en mí. Sin necesidad de palabras, ni de un soporte material; solo hace falta que su campo de información y el mío interactúen. Por eso me atrevo a decir que el amor es el verdadero y único motor de sanación. Y que la falta de amor hacia uno mismo es la principal causa de enfermedad.

Hay una realidad que trasciende toda técnica: la verdadera salud es la armonía del Ser. Se trata de que recuerde quién soy y por qué estoy en la Tierra, qué tengo que aprender y qué tengo que aportar. Se trata de que me libere de lo que me tiene apegada y acepte lo que he rechazado. Se trata de que descubra que tal vez la única respuesta a la pregunta «¿quién soy?» es «YO SOY».

BIBLIOGRAFÍA

B. R. McLeod, A. R. Liboff y S. D. Smith, «Electromagnetic gating in ion channels», *J. Theor. Biol.*, vol. 158, n.º 1, pp. 15-31, 1992.

R. O. Becker, *Cross Currents*, 1.ª ed., Nueva York: Penguin Group, 1990, p. 336.

R. O. Becker y G. Selden, *The body electric*, Nueva York: Harper Science, 1985.

V. Hunt, *Infinite Mind*, 3.ª ed., Malibú: Malibu Publishing Co., 1986.

R. Jahn y B. Dunne, *Consciousness and the source of reality*, 1.ª ed., Princeton: ICRL Press, 2011.

R. Marquès, *Descubrimientos estelares de la física cuántica*, 2.ª ed., Barcelona: Índigo, 2004, p. 145.

G. E. Schwarts, *The Energy Healing Experiments*, 1.ª ed., Nueva York: Atria Books, 2007, p. 260.

T. Valone, *Bioelectromagnetic Healing - A Rationale for its Use*, 9.ª ed., Beltsville: Integrity Research Institute, 2003, p. 130.

J. Oschmann, *Energy Medicine: the scientific basis*. 2000.

L. McTaggart, *The field*.

F. Bezanilla, «How membrane proteins sense voltage», *Nat. Rev. Mol. Cell Biol.*, vol. 9, n.º 4, pp. 323-332, abril de 2008.

C. L. M. Bauréus Koch, M. Sommarin, B. R. R. Persson, L. G. Salford y J. L. Eberhardt, «Interaction between weak low frequency magnetic fields and cell membranes», *Bioelectromagnetics*, vol. 24, n.º 6, pp. 395-402, septiembre de 2003.

M. J. Allen, S. F. Cleary, A. E. Sowers y D. D. Shillady (eds.), *Charge and Field Effects in Biosystems-3*, Boston, MA: Birkhäuser Boston, 1992.

J. J. Chang, «Physical properties of biophotons and their biological functions», *Indian J. Exp. Biol.*, vol. 46, n.º 5, pp. 371-377, mayo de 2008.

M. Cifra, J. Z. Fields y A. Farhadi, «Electromagnetic cellular interactions», *Prog. Biophys. Mol. Biol.*, vol. 105, n.º 3, pp. 223-246, mayo de 2011.

M. Cifra, *Study of electromagnetic oscillations of yeast cells in kHz and GHz region*, Czech Technical University in Prague, 2009.

D. Fels, «Cellular communication through light», *PLoS One* 4 (4): e5086, enero de 2009.

A. Foletti, A. Lisi, M. Ledda, F. de Carlo y S. Grimaldi, «Cellular ELF signals as a possible tool in informative medicine», *Electromagn. Biol. Med.*, vol. 28, n.º 1, pp. 71-79, enero de 2009.

H. Frohlich, «Coherent Electric Vibrations in Biological Systems and the cancer problem», *Microwave Theory and Techniques, IEEE Transactions* en http://ieeexplore.ieee.org/xpl/RecentIssue.jsp?punumber=22, pp. 613-618, agosto de 1978.

H. Fröhlich, «Evidence for coherent excitation in biological systems», *Int. J. Quantum Chem.*, vol. 23, n.º 4, pp. 1589-1595, abril de 1983.

R. H. W. Funk, T. Monsees y N. Ozkucur, «Electromagnetic effects - From cell biology to medicine», *Prog. Histochem. Cytochem.*, vol. 43, n.º 4, pp. 177-264, enero de 2009.

M. Konishi, M. Cifra, J. Z. Fields y A. Farhadi, «Electromagnetic cellular interactions», *Prog. Biophys. Mol. Biol.*, vol. 105, n.º 3, pp. 223-246, 2011.

J. Malmivuo y R. Plonsey, *Bioelectromagnetism*. 1993.

C. D. McCaig, B. Song y A. M. Rajnicek, «Electrical dimensions in cell science», *J. Cell Sci.*, vol. 122, n.º Pt 23, pp. 4267-4276, diciembre de 2009.

H. A. Pohl, *Natural alternating fields associated with living cells*, vol. 11, pp. 367-368.

H. A. Pohl, *Natural cellular electrical resonances*, vol. 9, pp. 399-407.

H. A. Pohl, «Oscillating fields about growing cells», *Int. J. Quantum Chem.*, vol. 18, n.º S7, pp. 411-431, junio de 2009.

J. Pokorný, J. Hasek, J. Vanis y F. Jelínek, «Biophysical aspects of cancer —electromagnetic mechanism», *Indian J. Exp. Biol.*, vol. 46, n.º 5, pp. 310-321, mayo de 2008.

J. Pokorný, F. Jelínek y V. Trkal, «Electric field around microtubules», *Bioelectrochemistry Bioenerg.*, vol. 45, n.º 2, pp. 239-245, 1998.

A. Popp, «Recent Advances in BIOPHOTON RESEARCH Biophoton Research and its Applications». Technology Center Kaiserslautern International Institute of Biophysics Germany, *World Scientific*, 1992.

M. V. Satarić, J. PokornyPokorný, J. Fiala, R. B. Zakula y S. Zeković, «Microtubules in interactions with endogenous d.c. and a.c. fields in living cells», *Bioelectrochemistry Bioenerg.*, vol. 41, n.º 1, pp. 53-58, 1996.

H. P. Schwan, «Field interaction with biological matter», *Ann. N. Y. Acad. Sci.*, vol. 303, pp. 198-216, diciembre de1977.

Z. Wang, *«Electromagnetic Field Interaction with Biological Tissues and Cells»*, Universidad de Londres, 2009.

S. A. Zhou y M. Uesaka, «Bioelectrodynamics in living organisms», *Int. J. Eng. Sci.*, vol. 44, n.º 1-2, pp. 67-92, enero de 2006.

K. Korotkov, *Human Energy Field*, 2002.

K. Korotkov, *Aura and Consciousness*, 1998.

EPÍLOGO

A través de estas páginas he compartido lo que soy, lo que siento, lo que pienso, lo que creo. Me gusta imaginar que a alguien le puede interesar, o que le puede servir. Hay muchas más cosas que podría contar, técnicas que he podido comprobar que funcionan bien para equilibrarnos. Algunas nos las podemos aplicar nosotros mismos (baños con sal marina, sahumerios, uso de cristales, aceites esenciales, esencias florales...). En el caso de otras, necesitaremos contar con la valiosa ayuda de los demás (osteopatía, yoga, reiki, acupuntura, radiónica...).

Pero me reservo todo eso para una próxima ocasión. Mientras tanto, si a alguien le apetece puede leer más sobre mí y mis actividades en www.equilibratuenergia.com.

Hasta pronto; besos en el alma.

ANA

equilibra.energia@gmail.com

SOBRE LA AUTORA

Ana María Oliva es ingeniera industrial, máster en Ingeniería Biomédica (premio extraordinario por la Universidad de Barcelona y la Universidad Politécnica de Cataluña) y doctora en Biomedicina (Universidad de Barcelona). Ha investigado durante cinco años, y actualmente sigue investigando en el Laboratorio de Nanobioingeniería del Instituto de Bioingeniería de Cataluña y es profesora asociada de la Universidad de Barcelona.

Ha trabajado incansablemente con jóvenes desde todos los ángulos, especialmente dentro de la educación reglada, siendo profesora desde hace más de quince años.

Es también directora del Instituto Iberoamericano de Bioelectrografía Aplicada, experta en bioelectrografía GDV y formadora acreditada en el sistema GDV/Bio-Well. Ha escrito las guías oficiales de formación en dicha tecnología y cuenta con una amplia formación y práctica en terapias complementarias. Ha realizado numerosas investigaciones científicas y expuesto los resultados en varios congresos, así como en conferencias y talleres a nivel internacional.

ÍNDICE